JN410106

아름다운 동행

송외동 시집

교음사

책머리에

아름다운 동행을 세상에 내보냅니다. 부족한 점이 많아서 몇 년 망설이다가 용기를 내어 봅니다. 시는 나의 영혼의 노래요. 나의 신앙고백서와 같습니다.

늘 가난한 목회자로 내조해 준 아내 신예하 사모와 사랑하는 아들 송지민 목사 자부 원희선, 큰딸 지은, 지수 막내에게도 기쁨을 나누고 싶습니다. 배명식 선배 문인 목회현장에서 동고동락하는 진주노회 회원님들께도 고맙고 장로님 성도님 모두 감사합니다.

경남 기독 문학, 총신 문인 선후배님 기도와 사랑에 목이 메입니다. 더욱더 정진하여 가슴 따스한 시를 쓰도록 하겠습니다.

화사한 벚꽃이 남해로 합천으로 한창 꽃이 봄바람과 함께 소식통을 전달하느라 바쁘게 날아듭니다. 봄날을 보내기가 아쉬운 듯 구름도 잠시 머물다가는 봄날에 올립니다.

자연에 대한 눈 뜨게 하신 분에 대한 감사와 영광을 돌립니다.

평설로 노 교수님인 조신권 문학평론가로 영문학박사이신 아버님 같은 분의 서평에 감사로 두 손 모으고 싶습니다.

지도와 애정 어린 퇴고로 지도해 주신 분과 지인들, 이주홍 어린이 문학관 입주 작가 지도 선생님과 문학 수업에 함께한 문인들께도 늘 건강과 행운이 가정과 하시는 일에 문학에 정진하시기를 기원합니다.

이 책이 출간될 수 있도록 경남문화예술진흥기금에 애써주신 이민호 선생님, 좋은 책 만들어 주신 교음사 강병욱 대표님께 감사드립니다.

2022년 6월

꽃들이 피어나는 계절에 송외동 · 유진 올림

| 아름다운 동행 |

· 책머리에
· 차례

1부 봄날은 언제 오려나

님이 떠나가시면 16
님이 전화하시면 17
님이 오시는가 18
눈동자 아른거려 20
복숭아 21
사랑하게 되면 22
사랑하는 이에게 24
달팽이 사랑 26
보고 싶어요 27
꽃을 꿈꾸는 날에 28
사랑하는 사람이여 29
행복한 꿈 30
살다보면 그대여 31
낙화 32
살구꽃 34
봄을 그리다 35
봄비단상 · 2 36

2부 일상에서 오는 행복

4월과 5월은 38
래프팅하는 사람들 40
수목원 42
모래밭 · 2 44
눈이 내리는 날에 46
구름이 흐름은 48
아침 밥상 49
매실 50
동풍과 서풍 51
독도 · 2 52
8월 편지 53
어느 여름 54
황사 56
군고구마 · 2 57
수목원 58
오수 60
작은 것에도 감사 62

3부 가슴 가득 사랑노래

엄마의 눈물 자국 64
멀리 있어도 볼 수 있어요 66
아버지의 등 68
고향길 70
백열등 72
바람의 이름으로 74
어머니 마음 75
고개 76
님이 전화하시면 78
아름다운 동행 79
비너스와 함께하면 80
비가 오려나 81
비 내리는 날 82
비 갠 오후 83
지압 84
우물가에서 85
오늘 밤 86
무궁화꽃 87

4부 그리움의 노래들

감나무 단상 90
갈대 92
그리움 93
가을이 오는 길 94
가을은 나그네 95
가을 향기 96
정양 늪의 가을 97
홍시와 곶감 98
난로 99
겨울밤에는 100
유모차 101
노을 102
베개 밑에도 눈이 내린다 103
나목 104
낙엽에 적다 105
황강의 달빛 106
나무를 심는 마음으로 107
도화지에 그리지 못하는 그림 108

5부 신의 축복의 노래들

길 위에서 110
나무를 심는 뜻은 111
구주의 십자가를 바라보며 112
마음의 하늘 114
십자가 선교회 115
스치는 풍경 소리 116
수선화 117
주님을 기다리며 118
못 박힌 십자가 120
별세의 기도 · 1 122
갈대에 부쳐 124
천국 가는 길은 125
무상(無常) 126
눈보라 127
날고 싶다 128
흰 국화 129

• 평설 조신권 130
(문학평론가/연세대학교 명예교수)

1

봄날은 언제 오려나

님이 떠나가시면

그리운 우리 님이 떠나가시면
곁에 있을 땐 그리운 줄 몰랐어요

그리운 님 멀리 떠나가시니
그리운 줄 알았어요

그리운 님
내 곁에 영영 떠나가시려 하니
그리움이
무엇인지 이젠 알았어요

그리운 님
그리워 아이처럼 울고 아직은 보낼 수 없어
나중에 떠날 준비가 되었을 때
고이 보내 드릴 터이니

기다려 달라고 애원을 해도
나의 님은 기어이 떠나가시니
주저앉아 울고 또 웁니다

님이 전화하시면

님의 목소리 귓가에 들려오면
화들짝 들뜬 마음으로 받으리다

기도하는 맘으로 자주는 못 보아도
낭랑한 목소리 지친 목소리마다 어울이 지네요

배고픈 아이처럼
편지 기다리는 연인같이
얼굴 살알짝 붉히는 새악시처럼
그렇게 기다리다 나무에 기대어 서서

먼 하늘을 우러러보며
내 허허로운 맘 달래러
콧노래
사랑 노래 불러 드리리

먼 하늘을 바라보며 발 동동 구르며 바라보니
무심한 구름만 두리둥실 흘러 가누나

님이 오시는가

오늘도 행여나 그리운 님이 오시려나
길목을 향해 목이 긴 사슴이 되어 서성거린다

님이 오시는 길 넘어지실까 봐
엉클어진 넝쿨들을 치워 본다

지난밤 꿈에 보이는 님의 환한 모습
이제나저제나 오시려나 기다려 본다

님이 오시려나 연신 눈길을 골목을 향해 바라다보고
오시는 그 길 다칠까 봐 길을 쓸고 청소를 한다

동이 트도록 배 타고 떠난 님은
너털웃음으로 만선이다! 외칠 님은 어디에도
보이지 않고 바람만 휑하니 불어온다

해는 어둑어둑 별빛은 총총한데
그리운 우리 님은 어이 못 오시나
바람에게 별에게 엽서 한 장 부치리

검푸른 바다에 노을은 자취를 감추고
고개 넘어 님은 보이지 않고
바람소리 쏴하니 동구 밖으로 달아난다

마을 가로등은 불빛을 발하고 언제나 오시려나
내 님은 어디에 계시나 출렁이는 마음을 어쩔 셈이나

이 밤이 지나고 새벽이 오면
내 님이 오시려나 기린목이 되어
님이 오시는 길목에 서서 하염없이 기다려 본다

님이 오시는 그날까지
길목에 서서 추억을 되새겨 본다

아픈 기억보다는 사랑해 주신 행복한 기억으로
눈가에 이슬이 젖어 말없이 고개를 숙어본다

울음을 감추기 위해
마음을 달래기 위해
태극기 온 누리에 휘날리는 그날에

눈동자 아른거려

그대 창가에 빨간 장미
한 송이 걸쳐 두고
가만히 바라보고 싶어요

이슬 머금고
그대 환하게 웃는 그 모습이
마냥 바라보고 싶어요

고구마, 찰진 옥수수 쪄
그대에게로 마음은 달려가고 있어요
김이 모락모락 나는 수증기 속
그대 젖은 눈동자 아른거려
가슴이 콩닥콩닥 그리움으로 보고픈
무엇이 이토록 나를 향하게 하는지요

그대 곁에 있을 수 있다면
나는 행복하여라
사랑에 두 눈이 먼다고 해도
그대와 함께 늘 동행하고 싶소
이 세상 모두가 멀어진다 해도…

복숭아

연분홍빛 속삭임으로
나비 몸을 어루만지는 동안
복숭아 엉덩이는 살이 올라
붉은 보조개에 잔털이 수북해진다

얼굴 붉힐 만한 부끄러운 것 없는 건 아니지만
날마다 붉어지는 맨살은
가슴 뜨거운 속살이 되어 허물어진다

사랑하게 되면

우리가 만나서 어쩌다 사랑하게 되어
못 견디게 그리워지는 밤이면
그대를 향한 그리움에
베개를 꼭 안고 잠이 듭니다

새벽 미명에 못내 사무치는 그리움에
이불을 베개 삼아 꼭 안고 잠을 청합니다

그대 온기 느끼며
언젠가 다가올 이별을 생각하기조차 싫지만
그것도 숙명이려니 그러다가 연방 흐느낌으로
누가 볼세라 눈물을 훔칩니다
사랑하게 되면 임에게로 향한 그리움으로
진종일 걷다가 그리움을 편지로 띄운다

아! 우리가 어쩌다 만나 사랑하게 되어
이별이 그만큼 더욱더 비참하게 되리니

오늘도 나는 창가에 서서 들꽃들을 모아모아
그대에게 드릴 작은 화환을 만듭니다

쑥부쟁이, 들국화, 백일홍, 배롱나무꽃
나리꽃까지 정성 다해
화관을 그대에게 드리고 싶은 마음
그리움 되어 먼 허공을 봅니다

사랑하는 이에게

사랑하는 이여
그대 창가에 빨간 장미
노오란 장미 한 송이씩 걸쳐두고
가만히 바라보고 싶다

잎새들이 이슬 가득 머금고
선 새벽 하늘거리는 모습이
그대 환하게 웃는 그런 환영 같아서
마냥 바라보고 싶다

고구마, 찰진 옥수수 쪄
오늘도 나는 그대에게로 마음은 벌써 달려가고 있다
김이 모락모락 나는 수증기 속에
그대의 젖은 눈동자 아른거려
연방 김이 모락모락 피어오르는
냄비를 연신 바라다본다
맛나게 먹어줄 그대 생각하면
가슴이 콩닥콩닥 그리움으로 보고픈 마음은
벌렁벌렁 그대에게로 줄행랑친다
무엇이 이토록 나를 그대에게로 향하게 하는지요?

그대 곁에 있을 수만 있다면
금방 사라질 꿈같은 것이라도
나는 행복의 나래를 펼치고
너무 사랑해서 두 눈이 먼다고 해도
그대와 함께 늘 동행하고 싶소
이 세상 모두가 멀어져 가도록

달팽이 사랑

가냘픈 더듬이 곧추세워
당신의 웃음 훔치다가
눈빛만 마주치면
움츠러들며
신음 소리도 내지 못하고
울음을 삼키면서
맘 편히 울지도 못하고

좀 더 다가가고 싶어도
머뭇거리며
늘 안타까움만 소모하는
제 껍질 속
가슴앓이 사랑

꼽추의 미로로 해매는
더듬이 더딘 살갗 감촉 같은

보고 싶어요

지난 세월 후회스런 나날들로
안개처럼 모락모락 피어오르다
햇살에 쫒겨 달아나는 회상

살다보면 무엇을 위해 부지런한 계절은
쉼 없이 달려가고 세월 속에
투영된 자아를 발견해 봅니다

소유할 수 없는 시간 유년기부터
장년기를 지나 알콩달콩 살아온 세월
서성거리며 종종걸음으로
삶의 애환 속에 붙잡을 수도 없는 시간처럼
시공간을 머물고 싶은 시간을 머물다 갑니다

못다 한 세월을 원망도 하며 먼 날을 생각합니다
내 마음에 끊임없이 불어오는 바람
어느 나뭇가지에 휩싸고 도는
그곳에 마음 한 조각 흔적이라도 당신이 보고 싶어요

꽃을 꿈꾸는 날에

꽃봉오리에 잠자고 있는 향기는

너에게서 꼭 듣고픈 말
너의 입술을 바라보는 바람의
눈짓에 휘감겨 대롱거리는 잎새는
바르르 떨며 심장 물들이는
밀어가 된다

별빛 못 본 언어들, 눈 못 뜬 문장들
내 볼 스쳐 가는 단어들이
첫눈 되어 내리면
뜨거워지는 향기여
꽃이거든 내게로 와서 안겨다오
나 여기서 가만히 피어나리

사랑하는 사람이여

사랑하는 사람이여
나를 알아볼 때까지
나는 서성입니다

그대를 처음 볼 때처럼
나뭇잎이 흔들거립니다

사랑하는 사람이여
건너편 골목길에서 행여나
먼발치로 그대인가고
점점 다가오는 모습이 당신인가고

길가에 하늘거리는 코스모스라도
한 아름 살포시 안겨 드릴까
마음은 저 하늘 두둥실
떠도는 구름이 됩니다

행복한 꿈

사랑하는 사람이
나를 알아볼 때까지
나는 행복한 꿈을 꾸겠습니다

그대를 처음 볼 때처럼
기쁜 모습으로 살아가렵니다

그대를 사랑하는 마음을
내 가슴속에 깊이 담아두고 싶습니다

하늘빛을 담은
베아트리체의 깊은 사랑을 품고 싶습니다

살다보면 그대여

살다보면 그대여
삶에 체중이 겨운 베갯머리
초저녁 실바람에 식을 때도 있고
듣고픈 맘 라일락 향에
실려 올 때도 있으리

그대여
두꺼운 옷 벗고 강 건너는 날
손짓하던 강가에서
정 깊은 눈물 한 자락
동정하는 깊은 눈물 한 자락
잇대어 주면 족하리

잊을 날도 있고
잊힐 날도 있고

까마귀가 되는 날도 있으리오만
하얗게 잊힐 날도 있으리

살다보면
그대여

낙화

분분이 날리는 초록 치마 고리 고름으로
봄 향기 아지랑이는 파문에 기대어
부픈 가슴 터질 듯하더니
비구름으로 모여 달리기 시합을 한다

하얀 수의는 고요에 젖어 떨고
앞서거니 뒤서거니 하늘이 준 운명을
문상하는 장엄한 미사곡인지

빈 마음 털어내는 저, 꽃의 운명은
어제나 오늘이나 바람이었다

또 다른
환생을 기다리며
파르라니 잎새를 떠는
내 삶을 한 폭의 그림이라고
말하지 말라

홀로이
하늘을 지키는 천사를 꿈꾸었으나

하늘을 날 듯 그렇게
한 점 바람은 또한 이파리같이
허풀거리느라 알아듣지 못하는 하얀 지저귐!

살구꽃

봄바람이 햇살에 기대면
뽀얗게 졸음이 아롱거린다

혹독한 추위에 노곤해지는
종달새의 구부러진 목 위에
연분홍빛 꽃을 피우고 있다

꿀벌들의 놀이터 수없이
날아들고 몸을 더듬는 동안

꽃을 바라보는 무심한 세월
인고의 시간을 견디다
가슴속에 품은

가족이라는 뿌리와 밑둥
그늘 아래서 서성거리며
꿀벌에게 눈길을
마주하고 있는 살구꽃

봄을 그리다

가슴 한 곁에 숨은 꽃
연분홍 사연 바람에 실어
너를 보고파 보고파도
더 이상 마를 수 없는
눈물 자국

뽀얗게 머무는 그날을
한 가닥 멍에로 만들고 싶은
또다시 꼭 한 번 더
꿈들을 화폭에 펼치고 있다

씨앗들을 시인의 텃밭에 뿌리고 가꾸는 일상들
도화지에 다 못 그린 그림을 희망의 씨앗을 심고
이상의 나룻배에 실어 보내련다

내 젊은 날의 아픔, 슬픔의 추억

봄비단상 · 2

채혈하는 사람들은
비닐에 채워지는 꽃물로
종합병원 응급실이 된다

긴 겨울바람의 구타에 맨몸으로 맞서다가
호되게 두들겨 맞은
나무는 온통 피멍이 들었다

늙은 벚나무 둥치
생리대 차고 붉은 꽃 나타나는
봄 익는 소리가 아우성치며 날아든다

혈액순환은 봄을 키우는데
꽃의 채혈은 끝나지 않는다

2

일상에서 오는 행복

4월과 5월은

4월과 5월은
내가 정신을 차릴 틈도 주지 않은 채 흘러가 버렸다

내가 무얼 하는지조차 망각케 하고는
자기 혼자 유채꽃, 아카시아 향내와 함께
바람같이 달려가 버렸다

난 시간을 갖고자 노력하여도 그들은 자신의 예정된
시간대로 달아나버렸다

시간이 이끄는 대로 멍 때리는 시합하듯
아무 생각 없이 흘러가 버렸다

무언가 홀린 듯, 달아나 줄행랑을 쳤다
따라가고 싶지만 함께 갈 수가 없다

나 자신에게 물었다 그 사이에 너는 뭐 했니?
무얼 하다가 놓치고 말았니 아무 의미 없이 살아가는 것
아니니?
걱정스런 엄마의 얼굴이 떠올랐다

어느덧 장미덩굴이 무성하게 뻗고 수줍은 얼굴로 화들짝
피어나더니
어느새 2주 동안에 가는 세월 막지 못하니 시들한 낯빛으로
작별을 고하며 쓸쓸하게 떨어지네 떨어져 가네

예배당 앞 덩굴장미는 내년에 봐요
사랑으로 돌보아 주셔요 하며 안녕을 고하니
앞뒤 산은 말없이 푸르름만 더해가네

래프팅하는 사람들

래프팅하는 용주 고품 모래사장
한 무리의 래프팅 동호회 무리들
들꽃 향기 널브러진 냇가에
황강 짙푸른 물 위에 퍼진다

꽃보다 그윽한 향기로운 우정이
어깨 감싸고 함께 떠돈다

흐르는 물에 세월도 흘려 보내고
우정도 사랑도 층층이 쌓여가고
아랫도리 시원하게 간질간질하는
어깨와 몸 서로 부둥켜안고 품어 주는 강
산은 말없이 우정과 사랑을 품어 바라다보고
사랑과 우정 속 시원한 응답을 하며 살았으리

냇가에 키운 사랑은 우정과 희열을 키워주고
거센 여울 위 에헤야 데헤야 어라 차차
힘차게 노를 저어 래프팅 즐기는 사람들
세상 온갖 삶의 시련 털어버리고
선남선녀들이 세월을 낚고

물살 가르는 한 폭의 수채화 되어
젊은 날의 낭만의 노트에
삶의 여울 한 조각 무지개 빛깔로
세월의 향기로 아롱져 오네

수목원

식물군 허브, 치유 테라피
산책로 테마 별 숲길 있는
수목 하나하나에 손길이 멈춰 있는 곳

자굴산 치유 수목원
숲길 워킹코스를 따라
원시의 세상으로 돌아가는 타임머신

희귀한 부채박물관
감탄사를 부치는 곳
볼거리, 먹거리,
휴식과 자연 치유가 있는 곳
태고의 숨결이 오롯이 배어
무언의 기도가 절로 나오는 곳

의령군 가례면 괴진리 543번지
한반도 지형과 지질을
오밀조밀 삼림욕을 갖춘
테라피 산책로 힐링 워킹 체험
치유와 휴양이 보배로운 곳

넉넉한 인심에 다양한 종에 놀라고
상쾌, 유쾌 이 기분 무엇으로 견주랴

오래 머물고 싶은 어머니의 품
자굴산 치유 수목원

모래밭 · 2

바닷가 해변은 온통
톱밥이 늘어져 있다
원시림에서 거대한
톱으로 켠 나무의 잔해를
저렇게도 많이 흐트러져 있다

바다가 토해낸 배설물이
해변에서 과거에서 현재로 물소리에 가슴 적시면
활주로같이 굳어져 밑바닥에 오려내며
엉거주춤 남해를 바라다본다

사라졌던 순간의 기억이 전부는 아니다

울음이 풀어지며 엉길 줄 모르는 모래
가슴이 소금기 머금은 풀 먹으면
엎드려져 내일을 기다리는 돌이 된다

흔적을 몰래 지우는 파도는
과거는 현재에 묻고 어긋남 없는 거친 숨소리로
평정을 해오며

어디에라도 달려가고 싶은 욕망이 솟아 오른다

바다는 말없이 상처를 보듬고
평화로이 날아가는 물새들을 바라보고 있다

눈이 내리는 날에

하늘이라고 왜
패역한 이 세상에
복받치는 원한이 없겠는가

차마 말할 수 없는
찢긴 하늘의 가슴앓이가
왜 없겠는가

하늘이
얼어붙은 가슴살
잘게 부수어
세상에 흩뿌리니

큰 꾸중한 줄 알고 놀란 산야
백지장처럼 하얗게
질려버렸다

창공은 맷돌에 갈아
묵언의 욕설로 헐벗은
어린 가장 하늘이라고

그 분노
온누리 하얀 몸부림
소리쳐 외치는 내 몸짓

구름이 흐름은

구름이 흐름은 바람 있음이요
내가 있음은 그대 있음 아닌가

밀물 되고 썰물 되어 반복하듯이
우리들의 우정도 삶도
저 천국에 가면 다시 만나리

무지개 떠오르는 호숫가에도
바람 부는 언덕 해안가에도
물안개 피어오르는 시냇가 어디에도

제 몸뚱어리는 수시로 변화무쌍한
구름아 바람 따라 폭력은 말고
부드럽게 세차게 입맞춤하렴 인자한 미소로
농부들의 기쁨이 되어 대지를 안아주렴

너를 따라 님 소식도 흘러가고 바람 따라
세월도 흐르고 나그네 삶도 흐르네

아침 밥상

아침밥을 먹는다

풋풋한 상추와 머위 한 쌈으로 잡곡밥에
양파, 마늘종, 냉이로 된 아지랑이가 피어오른다

한숨은 먼발치에 던져두고
꽃을 담은 보따리를 풀어서 비벼본다

만나면 지저귀는 밥상에 새소리 민들레 한줌 따고
텃밭 부추 베어다가 부추전 감자전으로
잠깐 고추 썰어놓은 매운맛에 서러운 눈물도 짜낸다

산다는 것은 눈물 나는 일

상추쌈에 들어가서 누워본다
쌈밥에 계곡 물소리가
볼이 터지도록 넘쳐흐른다

매실

사람들이 나를 봄의 전령사니
고매한 향기 나는 아가씨 같다고 말들 하지만
추위와 바람에 떨고 선 나날을 시간을 아실는지요

겨우 피운 아가들을 서리라도 내리는 날이면
동상에 걸릴까 마음 졸이는 안타까움을
그대들은 잘 모르시는지요

똥 쌀 만큼 애써 낳은 귀중한 새끼들을
함부로 대하지 말아주세요
막대기로 때리지 말고 고이 모시고 가시면 어떠할까요

고운 자식 대하듯이 고이 길러 시집보내는
어미 마음이 아프니까요
내 자녀 귀히 보내고 싶은 부모의 심정을 아시는지요

고운 님 보내는 맘으로 바구니에 담아 드리고픈 보물을…

동풍과 서풍

때때로 우리 삶이 무더운 여름날 같은 날도 있어요
고통 속에 괴로울 때도 세찬 바람이 불고
앞이 캄캄할 때도 있으리오

논에 벼가 무성히 자라는 모습을 보며
무더위와 눈물겨운 태풍과
가뭄을 인내해야만 황금 들판이 된다는 것을
깨닫게 되리오

우리네 삶에 동풍이 단단한 열매를 맺을 수 있나니
운동선수가 훈련하는 과정이 동풍이라면 서풍은
금, 은, 동메달로 승리의 기쁨을 안겨 주리오

동풍이 괴로워도 우리네 삶에 서풍이 오는 지름길
오늘의 고단함이 유익이 될 수 있는
희망이라는 꿈이 있기에
코로나로 인한 일상도 견딜 수 있는 꿈이 있는 까닭이오니

독도 · 2

최남단 우리나라 우리 땅
일등으로 해가 떠오르는
갈매기, 새들이 날아 잠시 쉬는 곳

우리 국토 막둥아
티브이 영상으로 봤지만
비바람 맞으며 잘 있거라

백두산 호랑이 살아 있다
작지만 소중한 우리 땅

내 삶도 독도처럼
그리움의 향연일는지

8월 편지

8월 하면 왠지 펄떡이는 숭어가 생각나요
짙푸른 강물은 금팔찌를 낀 비늘이 번쩍이고
황매산 자락은 지느러미를 세우고 있어요

바윗덩어리를 벗어 놓고 싶은 일상에도
마음은 싱싱한 아침 이슬 같군요
푸르른 초록 바다 위에 울음 우는 하얀 꽃망울이 이네요

메아리는 풀 냄새를 낳고 아침이슬은
비로소 익어가는 날갯짓을 하고 있네요

8월의 온 하늘이 한 장의 편지가 되어 다가오고 있어요

어느 여름

폭음으로 밭작물이 타는 가뭄
어느 때는 밤낮으로 퍼붓는 장마에
시선이 한 곳으로 머물지 못한다

지시하는 분 손가락 끝을 조마조마하는 마음으로
하늘을 향해 두 손을 모아 언덕을 향해
간구하는 기도
혼자만의 기도가 아니기를 바랄 뿐
이제껏 그렇게 장마가 수없이 지나가서도
예배당 안쪽까지는 안 들어왔는데
그해 여름은 매일 청소하느라 심신이 지쳤다

바라는 것은 꽃밭이나 밭작물 정도 해갈을
바라는 소원은 무너져 버린 담벼락

울창한 내 속의 목소리는 울렸지만
서로의 껍질 벗기지 못한 아득함만 존재했을 뿐
그를 잊으려 한 건 아니다
아련해지는 눈망울 새로 구름만 피어올라도
가슴 한구석이 쿵덕거릴 뿐

내 영역으로 감당 못 할 시공간의 선택에 순응
기억의 안달에 증발되어 버리는

장마의 찌릿한 기억 서 있는 것도 고통이었다
내 그리움은 계속되는 헛발질에
그 여름날의 기억은 흐려지며 바람이 되었는지
엎드러져 가는 내 청춘을 창문은 흔들거리곤 한다

황사

정체된 내 몸의 똥이
창 언저리를 배회하다
토담 빗장을 열고 다리를 뻗는다

비집고 나온 틈에서
바람을 날리며 안방이며
툇마루를 기웃거리며
무허가 통행에 세금도 없다

오래전에 고장 난 가로등을 베개로 삼아
체온을 녹이고 있는 구린내는

봄밤 처마 끝에 머문
혼이 나간 창공에 매달려 코 골고 싶지 않은
이 밤에
이불을 걷고 고약한 냄새를 풍긴다

보이지 않는 냄새에
기침 날리는 노래이다

군고구마 · 2

잘 익은
구수한 향내 나는
그대의 향기다

사명은 잘 죽는 것

제 살을 태워
행복한 나의 식사
고구마는 뜨거운 웃음으로
속살을 익힌다

제 몸덩어리
내어 주는
따근따근 한 토성의 꼬리에
불이 붙었다

잘 익은 고구마는
지금도 먹고 싶다

수목원

식물군 허브, 치유 테라피
산책로 테마 별 숲길
수목 하나하나에 손길이 멈춰 있는 곳

자굴산 치유 수목원
숲길 워킹코스를 따라
원시 세상으로 돌아가는 타임머신

희귀한 부채가 600여 점 소유한 부채박물관
저마다 특이하여 감탄사가 절로 나오며
볼거리, 먹거리 휴식과 자연치유가 있는 곳

태고의 숨결이 오롯이 배어
무언의 기도가 절로 나오는 곳

의령군 가례면 괴진리 543번지
지형과 지질을 두루 갖춘 식물의 요람
테라피 산책로 힐링 워킹 체험
치유와 휴양이 보배로운 곳

넉넉한 인심에 반하고 상쾌, 유쾌
이 기분 무엇으로 견주랴
오래 머물고 싶은 어머니의 품
자굴산 수목원

오수

갈마산 나지막하게 합천을 포근히 감싸고
삼삼오오로 산길을 오르는 사람들
신선한 풀 내음 맡으며 오른다

저 멀리 정상을 향해 잠시 숨 호흡 가다듬고
콧노래 소리 흥얼거리며 하산길에 터벅터벅
걸음을 옮길새
힘겹게 오르는 등산객들에게 파이팅! 외치며
따뜻한 격려를 보낸다

물소리 마냥 다정스런 징검다리 위를 재미삼아 걷고 걷는
친구들, 연인들, 바쁜 일상 잠시 내려놓고 시원스레 담근 발
무더위는 어느새 저만큼 줄행랑치고 한여름의 무더위 피해
다리 밑 평상에 누워 낮잠을 청한다

등산과 물놀이 신나게 한 것도 지난밤 무더위 설친 잠을
베개 삼아 그대는 영영 깨지 않으려는 듯
잠에 취한 나른한 오후의 그 벤치 위 졸졸 흐르는 물소리
먼발치 사람들의 오손도손 오가는 정다운 소리도
아랑곳없이 점점 무거워지는 눈꺼풀 애처로워

두어 시간 지켜보곤 합니다

그곳 강가에서 소리 없이 살아가는 물고기
작은 새들도 가만가만 숨죽이는 여름날
영영 그대 곁에 지켜보고 싶은 그 계절의 오후였습니다

작은 것에도 감사

아침 이슬 영롱한 햇살에
서늘한 가을바람 달아나고
땀의 대가로 얻어진
가을의 풍성한 보배

함박웃음 짓는
농부의 가득한 행복
넉넉한 마음
활짝 피고

여유로운
미소로 다가오는
반가운 얼굴들

땀 흘린 수고
잊게 하는 저 자식 같은
과실 바라보는 그윽한 눈빛은
해말간 미소 천사가 된다

3

가슴 가득 사랑 노래

엄마의 눈물 자국

새벽마다 교회 마룻바닥에 눈물이 얼룩졌다
매일 매일 흘린 눈물이 마룻바닥에
스며들어 지워지지 않았기 때문이다

하냥 흘린 눈물이 쌓여서 변해버린 엄마의 눈물 자국
그 속에는 시골 목사 성도들의 기도제목들과 친지들의
인가 기도가 숨어 있었다

그것도 모르고 나는 너무 우셔서 속상해하고
찬송 부를 때도
곡조가 잘 안 맞게 부르신다고 핀잔을 주었다
눈물은 엄마의 기름이었다

하나님께로 올라간 지워지지 않은 기름이었다
아니 향기로운 재물이었다

기도하며 엄마가 흘린 눈물로 만들어진 자국은
합천 땅 복음화와 세계복음화였다

아! 나는 왜 이런 보배를 몰랐을까

시골 교회가 부흥이 안 된다고 늘 마음 쓰신 모습은
재물이 되어 향기로운 향내가 하늘로 향해 날리고
오늘도 엄마의 자리에는 항상 눈물 자국이 있다

지금은 하늘로 가셨지만 그 자리에는 텅 빈 둥지처럼
쓸쓸하지만
따스한 엄마의 흐느끼는 눈물이 그립습니다

멀리 있어도 볼 수 있어요

그대가 곁에 있어 행복한 나날
그대 멀리 있어도 볼 수 있어요
마음의 눈으로는

방금 본 폰 영상에 비친 그대는 사랑의 눈이요
마음이 잉태한 대가 없는 사랑의 흉터가 있어요
그 사랑은 저 하늘의 구름같이 그대에게 떠내려갑니다

북녘 하늘로 눈길을 주는 어둑한 눈은 하늘을 향해 하는
기도 같은 감사가 나오는 것을 그대는 아시는지요

보고픈 마음은 서울로 향한 마음의 별
푸름의 종소리가 되어 텅 빈 가슴으로
연분홍빛 울음으로 피어납니다

그대 태극기 흔드는 힘찬 손길이 자꾸만 생각이 나는
해말간 눈동자가 영상이 되어 내게로 떠밀려옵니다

마음은 구름이 되어 너에게로 흘러갑니다
남녘에서 보는 별을 북녘에서도 볼 수 있듯이 말입니다

보는 것만으로는 김빠진 사이다가 됩니다

이 밤이 다 지나도록 몸으로 하고픈 언어는
저 하늘에 별을 무수히 세고 있습니다

너와 나의 별을 위해서 배고픈 아이가 됩니다
마음의 병을 별 하나에 띄우고 싶은
그리움이라는 한 별을 위해서

아버지의 등

고향 야산에는
폭염에 목마른 아지랑이가
구릿빛 등짝을 달군다

그해 여름
사라호가 지나간 들판에
메밀을 심어야 실속들을 굶지 않는다며
뼈대에 거죽만 붙은
반 평도 안 되는 당신의 등으로
거센 태양을 막았다는데

그 후 두 번의 태풍에
비닐하우스 폭풍에 날리듯
앙상한 아버진 논 물꼬 튼다고 나가신 것이
마지막 하늘로 날아가셨나 땅으로 꺼져 가셨나
알 수도 없이 그리움만 목이 긴 사슴이 되어
지금도 삽만 보면 가슴이 아련해진다
유년의 기억은 통곡이 되어 소낙비로
내게로 윤회 같은 세월만 굴렸는데

바람 센 날
장하게 견딘 저녁노을에
주먹을 쥐고 손가락을 비비며
삽자루 수없이 부러지던
저, 산에 기약 없는 가묘
아버지는 참 오래도록 기다리게 하신다
그냥 가묘에 계신다고 생각하고 사는 게 나아리라
하시는 것 같다

고향길

아버지와 함께 걷던
한적한 솔밭 사이로 난 외길
바닷가 언덕 밑에 난 작은 길 헤쳐 나가면
소학교 운동장만 한 밭
언덕에 누런 호박 지게에 담아 오르는 길
철없던 유년기에 아버지 지게에 타
신나고 재미있어 하던 추억이 깃든 상념들

삐꾸기, 진달래, 개망초, 할미꽃
이름 모를 들꽃들이 지천으로 피고 지던 곳
한 세상 고이 묻어둔 세월의 앨범을 파노라마처럼
이는 인정이 그리움과 아스라한
꿈들이 밀려오는 고향길

산모퉁이 지나서 학교 가는 길
지름길로 가려고 풀숲을 헤치면
오뉴월 꿩 알, 새끼토끼 잡느라 지각
그래도 그 재미에
벌서는 것도 잊고
밀 익는 초여름 밀서리 입가에 숯검정 칠

고향의 흙 내음 추억 샘물 터지면
마음의 별이 총총하게 새롭다
뒤돌아보면 가난한 그 시절이
자꾸만 손짓하며 오라고 하는 환영이
그리운 고향에 향수로 수를 놓고 있다

백열등

차라리 죽어서도
나 붉어지지 않으리
노란 국화는

온 몸으로
바쳐온 헌신
오로지 어둠을 밝히는
찬란한 과거의 전적

고장 난 몸뚱어리
서러운 눈물 흔적들

아무도 알아주지 않아
공중에 빛나는 한때의 정열

황홀한 몸 빛나는 시절로
되돌아갈 수는 없을까

쓰레기봉투에 갇혀
어디로 가는지 알 수 없는

운명을 서러워해도 알아주는 이 없는
신세는 누구를 위한
한때의 빛나던 몸이었든가

바람의 이름으로

알 수 없는 곳에서 사계절 넘나드는
흔적은 더듬을 수가 있을까?

산허리의 안개구름으로
잘 빗어 넘긴 버들의 씨눈에서
그대의 기억이 실려 오고 있다

숨죽여 나부끼는 이름 없는 나무
들녘의 생명은 내 생각에서 빛나는
그대만의 향기는 어디서 오는 것일까?

손끝으로 더듬어 오는 그리움이라는
바람은 향기가 없다

어머니 마음

밭고랑 매다 쳐다본
푸드득 나는 멧비둘기 떼

봄 향기 파릇파릇, 한 바구니 담아
저무는 신접살이 어떻게 보낼까
눈물 젖은 적삼에 묻혀 보낼까

김치 막 무쳐내면 내일은
막내에게 쑥 내음 싸서 보내리

건너편 채나물 밭에선
축제가 한창이다
달빛 영근 고단한 삶
농사일, 자식 농사

햇살 같은 자식 사랑
어머니 마음

고개

굽이굽이 넘어가는 고갯길
누구에게나 삶의 장벽이 있어요
넘어가기 힘든 삶의 여정이 있겠지요

살아가는 길에 건강의 문제로 힘든
고갯길이 있기도 하지요
삶이란 고개를 잘 넘어가는 것
크고 작은 고갯길이 내게 펼쳐져 있기도 하고
때때로 치르는 시험이 있어 어느 누구나 거치는 삶의 여정
누구에게는 쉬울 수도 어려울 수도 있지만

사랑하는 연인들의 미소에
봄바람처럼 향기로운 고개가 있어요
넘어오면 사랑인 것을
성장하여 맞은 고갯길 중에 결혼이라는 고개를 넘고
무지갯빛 설레는 미래를 꿈꾸며

세상에는 넘어야 할 고개가 수없이 다가오지만
예기치 못한 건강, 사고로 절망할 때도 늘 변함없이
지켜 주시는 분을 마음에 모시기만 하면

절망의 고개를 넘어서 소망이 보이겠지요

생명이 다하도록 사랑할 대상이 내게 있다면
나그네 길 넘어선 영원한 생명으로 소망 중에
넘어야 할 고개 더 이상 넘어설 고개가 없음을
나그네는 하늘을 향해 우러러 보고 있다

님이 전화하시면

님의 목소리 귓가에 들려오면
화들짝 들뜬 마음으로 받으리다

기도하는 맘으로 자주는 못 보아도
낭랑한 목소리 지친 목소리마다 어울이지네요

배고픈 아이처럼
편지 기다리는 연인같이
얼굴 살알짝 붉히는 새색시처럼
그렇게 기다리다 나무에 기대어 서서

먼 하늘을 우러러 보며
내 허허로운 맘 달래려
콧노래
사랑 노래 불러 드리리

먼 하늘을 바라보며 발 동동 구르며 바라보니
무심한 구름만 두리둥실 흘러가누나

아름다운 동행

너와 나 그리고 우리 모두 다 함께 나아가자
손에 손잡고 발걸음을 맞추자 나란히 나란히

무화과나무는 자줏빛 피멍이 주렁주렁
백합화는 천사의 미소로 방실방실

눈보라 치는 날에도
폭풍우 치는 날에도

서로의 체온으로 땅방울이 몽골몽골 하도록
젖먹이 엄마젖 빨듯이 힘을 다하자

서로를 위해 모두를 위해
어깨동무하고 나아가자

오직 그날이 가까울수록
두 손을 꼭 잡고 발맞추어 나아가자

뒤처진 자 앞에서 끌어주고
함께 걸어가자

비너스와 함께하면

백혈병을 앓던 그녀, 언젠가
혼자됨이 숙명이라 할지라도
마주보는 시간을 포개어
고단한 일상을 감싸 안으며
하얀 겨울잠에 눈멀어
털고 일어날 것만 같은 몸부림

한 묶음 시간을 포갠
콧날이 고요하다
눈초리는 하얀 겨울잠에 따스한데
생각은 숙성의 기법을 터득한 건지
단풍들의 소곤거림에 귀를 세운다

고운 턱선이 하늘을 향해 나아가고
시간은 석양을 닮아갈지 모르는데
백장미의 모습을 닮은
슬픔을 영접하는
잔잔한 물결이다

칸막이 틈새 좁은 공간에서 그녀의 바람은 실루엣이다
연필 한 자루로 화선지에 나부끼는 바람이다

비가 오려나

비가 오려나
대추나무 가지가 휘날리네

사랑하는 이들을 향한
그립고 아쉬움이네

이 내 가슴에도 물결로 일렁이네

비가 오려나
산을 덮고 오는 구름 보네

비 내리는 날

비 내리는 날 방바닥을 배회하며
쉼표를 찍는다
모교 교정에 홀로 서 있는 느티나무 그늘
너털웃음으로 돌아보며

어두움은
떨리도록 힘든 껍질을 깨고
깊고 융숭한 공백의
아슬아슬한 긴장을 묻어버린다

문득 목이 터져라 외쳤다
야구 시합 결승전에서
휘문 휘문 빅토리아!
지금까지도 십 대의 그 앳된 음성
덥수룩하던 청춘을 배회하며

우산에
온통 쉼표투성이 웃음보는 터지고
어둠의 도화지에
마구 그린 수채화 한 장

비 갠 오후

비 갠 오후에
산 위에 올라
산하를 내려다보니
산인지 호수인지 운무가 가득하다

산은 호수 위에 떠 있고
운무는 제멋에 겨워 한바탕
춤사위를 한다

산이 호수이고
호수가 산이다

구름바다 아래
비밀의 항구에는
다정한 인정어린 손님이 가득하다

구름바다 위에 떠 있는 산
산 아래 모인 옹기종기 모여 사는
사람 사는 마을은 천상의 메아리로
화답하는 천사가 된다

지압

몸이 굳은 실음에 비가 오려나
구름이 가져다준 선물이다
맛을 보면 자꾸만 맛을 보고 싶은 것은
구수한 손칼국수가 된다

그대가 준 선물은 눈에 보이지도
보여줄 수 없는 마술의 세계
구릿빛 근육에 단련된 손

흰 솜사탕 같은 부드러움으로
때때로 압핀 같은 통증이 오기도 하지만
해물 칼국수 같은 시원함에 어깨가 그 맛을 안다

자꾸만 당기는 중독이다

따스한 사랑의 손맛이 일품이다
매일 곁에서 맛보고 싶은 손맛!
곁에 두고 싶다

우물가에서

창원시 중앙동 432번지
창원 극장과 시장 안 골목으로
50미터가량 들어가면
성인용품가게가 있다

한여름 무더위에
수박은 녹아 물이 되고
아랫도리 적시던 우물은
바닥까지 말라버린
골목길에서 윤기를 잃은 지 오래다

성한 몸둥이가 유일한 교통수단인데
질퍽한 길바닥은 미끄럽지가 않다

새벽마다 우물에서 속옷 벗는 소리에
잠 깨신 어머니의 헛기침
채나물밭 이랑에 남아 있는데
우물가의 추억은
내 가슴에 울고 있네

오늘 밤

오늘밤 무엇보다 더
그대를 향한 사랑을 축복해요

씨앗이 심어지면 싹트는 것처럼
너무나 자연스런 일이지요

오늘밤 우리는 사랑을 심어요
세상에서 가장 아름다운 그런 사랑을 그려요

우리는 세상에 많은 것을 뒤로 하고
우리만의 시간을 가질 수 있겠지요

만나는 모든 이들에게
사랑하는 사람 그대에게
사랑나무를 만들어 마음의 정원에
가득 심어 보고픈 오늘밤

무궁화꽃

수년 전에 가느린 무궁화 묘종
언덕 위에 잡초들 뽑고
한나절 삽질을 하여 텃밭 만들고
나라꽃 무궁화 10여 그루 심었네

3~4년 세월이 흘러가니
아이 다리만큼 튼실해졌네

어른 키보다 커져서
봄부터 너를 바라보다가
더운 사랑, 따사한 눈길 자주 주었더니
하얀 꽃, 분홍 꽃, 자주 꽃 속살 수줍게
드러나는 살뜰한 연정

이 나라, 이 겨레, 무궁무진하소서
애국 애족, 선열들의 뜻 받들어 염원 담은
사랑으로 소망으로 말없이 피고 지고

4

그리움의 노래들

감나무 단상

감나무에 어느새 고운 단풍이 물들었네
계절이 벌써 늦가을로 접어드는가 보다
까치들이 삼삼오오로 곱게 물든 감 잎새들을 헤치고
잘 익은 꿈의 열매들을
부지런히 쪼아 먹는 햇살 따순 오후
한 줄기 바람도 조용히 숨을 죽이고
드높은 청명한 하늘을 쳐다보고 있다

이른 봄 물오른 감나무에 여리고
가냘픈 잎새들 새로
따스한 봄기운 휘날리더니
어느새 꽃피고, 천둥소리, 빗소리
바람소리 따라 잎새들도 무성해지고
열매들도 조금씩 조금씩 자라는가 싶더니…

연초록빛, 청록빛, 노르스름한 빛인가 보다 했는데
기르신 고운 님 생각에 얼굴을 붉히더니
오늘에서야 귀한 손님 즐거움 주려
정열의 열매로 물들었구려

정념의 열매로 귀하신 분들께 드리려 하는가
귀하고 고운 내 님께 바치려 하는가

사랑하는 이여, 겨울 전에 오소서
내 영혼이 감잎처럼 물들어 우러러보나니

갈대

바람이 일렁일 때마다
남정네가 치는 박수 소리가 들린다
흔들릴수록 크게 들리는 울음소리 무슨 사연으로
저토록 시달리고만 있는가

박수소리가 점점 퍼져나가는
합창으로, 몸부림으로 마주치는
부딪힘은 축구장이 된다

말로만 해서는 아닌 몸으로
드러난 제스처는 포효 한번 지르고 싶은
맘 추스르고 함성 같은 애절함은 광대의 춤사위로

자유 잃은 민초의 소원은
남북으로 나눈 기막힌 사연을
작은 바람에도 임 소식 전하고픈
갈대에 실어 강변에서

누구를 향해 저토록 애절한
기도를 드리고 있는가
저 사내의 울부짖는 목소리는
누구를 위하여

그리움

비었는가 하면
때 되면 달이
차오르듯

차오르는
그리움 하나

영원 속
영원히
사랑할 이
있음은

주 안에
더 없는 행복이랴

가을이 오는 길

누가 서늘한 바람으로
마음을 노크 하나요
그대 이름이 단풍 듭니다

이슬에 젖지 않으려고
바짓가랑이를 걷고
비바람 등진 걸음으로 달려가면
코스모스가 한들한들 다가옵니다

고추잠자리는 곱게 연지 찍고
귀뚜라미 손님맞이에
제 흥에 겨워 울음 우는 저녁이다

길목에서 서성이며 다가오는 들녘에
가만히 내려앉는 마른가을이다
꿈을 밟는 소리가 바스락거리는

가을은 나그네

비가 오고 있어요
내 마음의 성령의 비
은혜의 비면 좋으련만 샘터같이
내 가슴에 적시면 주님의 향기 촉촉이 젖어드네

그리운 주님 나발 불 적에 부족한 종 데려가시려나
조바심 나는 것은 부끄러운 종 게으른 종아 하실까
두려운 마음은 오늘도 십자가의 길 따르리니

오소서 그대 사랑 끝없는 사랑 한없는 사랑
주님 동행하시니 염려 걱정 물렀거라
내 주님 안에 함께 있으니

가을 향기

영롱한 햇살에 서늘한
가을바람 불어오고
땀 흘린 대가로 얻어진
풍성한 가을 결실

함박웃음 짓는
농부의 행복한 미소
넉넉한 마음 활짝 피고

여유로운
미소로 다가오는
반가운 얼굴

땀 흘린 기쁨은
열매로 익어가는
가을 향기가 그립다

정양 늪의 가을

누가 가르쳐 주었을까 스산한 바람 불면 숙명처럼
되돌아오는 것을 고단한 날개 쉬 없이 저으며
지난해 세상사 고단한 짐 내려놓으며 온갖 사연들
그리운 이들 보고픈 마음 이국 만 리 날아든 사연을

아! 창백하리만큼 애달파 야위었나
너, 하늘로 향한 끝없는 비행
기러기, 청둥오리, 물떼새들의 보금자리

철새들처럼 나그네 삶 우리네도 고단한 인생사
접어두고 뜨거운 가슴 어찌할까 온 늪으로 유영하누나

촌락들 새로 어둔 길목 십자가 불빛 어지러워진 내 마음
식힐 길 없어 정양 늪 물가에 나가섰더니
기룩기룩 어이 안 오시나 삼라만상들
저리도 만들어 놓고

홍시와 곶감

잘 익은 감 가지가 눈길을 끌었다
감 가지가 휘일 듯하다
상경하는 열차 차창 밖으로 주홍빛
수놓은 홍시, 까치가 쪼고 있다
달력 위에 걸어 놓으면 생각나는 누님

홍시와 곶감은 무엇이 다른가

물렁물렁한 삶을 걸어놓고
살을 말리고 있는 감의 미라

곶감을 먹으며
마르지 않고 몸을 비우는
홍시를 생각한다

난로

내가 너를 껴안았을 때
뜨겁게 식는 대장간 마루에
걸터앉은 연기는 새파랗게 질려 있다

내가 당신과 시비에 걸려 넘어졌을 때
내 가슴이 젖었다

눈물이 뜨거워지는 시간

몰아친 한파에도
너와 함께라면 견딜 수 있는 것을
어차피 피할 수 없는 것이라면
열 받는 것을 각오하자

추운 이들도
정에 굶주린 자들도
바람 같은 사람들도 집에 오면
불 피우고 그네에 걸터앉는 아버지가 된다

비바람에 문을 닫고선 뜨거운 열정으로
인고의 시간을 보내고 있다 모두를 위해

겨울밤에는

긴 긴 겨울밤에는
오순도순 이야기 꽃피는
도깨비방망이

어둑해지는 속눈썹에
깊어가는 어두움

달 허리춤 붙들고
꿀밤 나는 밤

고단한 삶의 무게일랑
이불보에 싸서 부쳐버리고

베개 밑에 묻혔던
밤 사연을 안고서
고운 꿈꾸는 나라로
걸어가소서

유모차

저 고요한 발걸음 사부작거림
당신은 죽어서, 설마 죽어야
멈춘다고 멈추어진다고
도무지 알아듣지 못하는 지저귐이었다고

별이 되려면 샛별이어야 한다고
하얀 눈 내리는 깊은 어둠에
너무 환해져서 잠들지 못하는 걸음마로
할머니가 유모차를 밀며 굴러가네

수 없이 바뀐 계절에 하 그 많은 나날에
시나브로 까마득한 지나온 세월의 강을
고요에 기대어 미소 짓는 달빛 눈빛

삶의 허리춤에 비구름 맞듯
돌아가는 바퀴에 질곡을 감으며
별 하나가 말없이 굴러가고 있네

노을

억새 널브러진 들판으로
슬며시 다가온
가을 사내

새색시 빼앗길세라 안절부절
동장군 사나이
힘겨루기 한창인 저녁

막판 끈기 탈진한 장군 댁 아내
얼어 터진 시집살이
매운 고추 살이 다 접어두고

붉게 타오르는 불같은 정열로
들판이 온통 불바다인데

저녁이 다가서며
차근차근 교통정리를 하며
불꽃을 잠재우고 있다

베개 밑에도 눈이 내린다

겨울밤에는
이야기로도 채우지 못하는
도깨비방망이
속눈썹에 빠져있는
어두움을 틀고
달빛은 꿀맛 나는 밤을 즐긴다
이불보에 쌓인 생고구마를 깎아
달빛과 나눠 먹는다

베개 밑에 묻혀 놓았던
기억들이 너무 먼데서 온
소식이었나
밤새 내리는 눈이다

나목

외봉 낙타는
겨울옷마저 바람에 벗어놓고
돌아보지 않는 등은 사막에서 굽었다

기약 없는 오아시스에 한 줄 물줄기
땀방울마저 말라 버린 언덕을
오르고 또 올라가고 있구나

그렇게 푸른 시절을 다 내어주고도
석양의 고삐 놓지 않더니
밤새 떨던 신열이 살갗을 비집고 나오는가
나목에 걸려 있다
저, 뜨거운 울음

낙엽에 적다

단풍이 물들면
먼 하늘 뭉게구름은
빈 두레박이 된다

계절에 부푼 낙엽 따라
고운 빛깔로 메일을 띄울까

매달릴까 한번 간 사람은
낙엽에 적어 보내야 하는
세상사

오늘도 바람은
보고 싶은 길 위에 뒹구는데
마른 낙엽에 기대는
스산한 오후

황강의 달빛

섬세한 여인 옷자락처럼
새롭게 태어날
사랑과 축복을 위해
황강의 달빛은 고와라

막 솟아오른 둥근 달
내 어깨에 내 몸에 입히고
황강 물속이 그리워 박혀 있다가
어느새 모래밭 인적 드문 곳
화사하게 밝히다 안간힘으로
솟아오르려 하지만

제 몸에 누르는 중압감에
천근만근 무거워서
황강 물가에 내려앉더니
아침에 햇살에 흔적도 없이
사라져 버렸네

나무를 심는 마음으로

식목일이 되면 무엇을 심을까
아름다운 꽃을 심을까
튼실한 열매 줄 과일나무 심을까
뭇 사람들을 기쁘게 할까

나무를 심는 마음으로
하늘의 소망으로 매일의 삶을 살아가리
비바람과 분분히 날리는 연분홍 꿈의 사연들을
축복의 선물로 나누어 주리

나무를 심는 마음으로
하늘과 별과 바다와 뭍을 주신
그분께 영광과 존귀를 드리리
삶의 터전 주신 분 형상 닮아 가리니

오늘도 내일도 바람과 햇빛과 뭍에서 사는
생명주신 그분께 감사드리리
식목일이면 나무를 심고
가꾸는 마음으로 살아가리
삼라만상에 근원 되신 하나님께
찬송과 경배를 돌려드리리

도화지에 그리지 못하는 그림

오늘은 나를 그린다
나는 나를 보지 못했다

내가 당신을 보듯이
당신이 나를 보는
그 눈빛을 마주보는 것으로
거울을 비친 나를 보고
내 실체를 보듯이
나도 나를 보면서
내면의 모습은 그릴 수 없다

나의 마음을 어찌 도화지에
그릴 수 있겠는가
하물며 남의 사정을
어찌 도화지에 다 표현할 수 있으리

5

신의 축복의 노래들

길 위에서

길 위에서 지친 몸
늙은 소나무에 기대어
여울져 가는 노을을 바라본다

저무는 나뭇잎들
지그시 눈을 감고

돌아가야지, 돌아가야지
서둘러 산길을 걷는다

낯선 곳에서 떠돌다가
뒤돌아보지 않으려고

오직 본향을 향하여 걸어갈 뿐이다
길 위에서 나그네는

나무를 심는 뜻은

아름다운 꽃을 심을까
과일나무 심을까
뭇 사람들 기쁘게 할 수만 있다면

나무를 심는 마음으로
하늘의 뜻으로 삶을 살아가리
연분홍 꿈의 사연들을
축복의 선물로 나누어 주리

하늘의 별과 바다와 뭍을 주신
그분께 영광과 존귀 드리리
터전 주신 그 모습 닮아가지

식목일이면 나무를 꽃을 심고
가꾸는 마음으로 살아가리
삼라만상 주신 그분께
찬송과 경배를 돌려드리리

구주의 십자가를 바라보며

예수 그리스도의 십자가
고난의 십자가를 가슴으로 전하는 사랑
인간이 지은 죄의 크기가 눈보다 많아서
하늘나라에서 천사와 십자가 공의와
사랑이 피보단 진한 사랑아

십자가를 지신 사랑 죽으심 내 죄 때문에
고귀한 죽음을 인정하는 것에서부터 시작됨이라
이 세상의 어떤 사랑보다 더 강렬한 사랑은
십자가 지신 대속적 사랑
가장 고귀하고 행복하게 하는 것이
무엇이 있냐고 물으신다면
단연코 십자가 지신
주님의 사랑이라고 말하겠습니다

장엄하고 위대한 사랑 어떤 예술작품의 감동보다
더 벅찬 것 주님의 사랑인 것을
많은 이들에게 전하는 것입니다
십자가는 온 인류를 위한 대속적 죽음

가장 복된 소식이 무엇이 있다면
그것은 주님의 십자가 사랑
주님의 십자가를 바로 바라보는 것임을
그대는 아시는가 모르시는가

피보다 진한 주님의 사랑을

마음의 하늘

머리 위에 빛나는 창공이 있다는 것
가슴속에 있는 도덕심이
나를 두려움에 떨게 한다

저 달은
비록 작아 보이나
온 세상을 환하게
비추어 주는구나

자신을 알려면
밖으로 드러나는 빛만 아니라
내면의 빛을 비추는 것이
진정한 빛을 비추는 것이라

참된 빛
참된 사상
참된 빛을 비추는 세계라

눈 오는 날 밤
생각이 눈처럼
소복 소복 쌓이고 있네

십자가 선교회

십자가를 바라볼 때마다
그대 눈동자 생각나
밤하늘 수놓은 별들에게
그 사랑 그리움으로
눈물이 흐릅니다

공의의 눈물이 되어
십자가의 사랑이 전국에
면면히 가슴에 젖어
예배당에 엎드리면
그대들 사랑 꽁꽁 언 빈 가슴
사르르 녹고 주님의 은총이
하얀 눈처럼 소복소복 쌓이는 것을

낙도와 오지 세계만방에
하늘을 수놓아라
온 하늘을 별처럼 빛나도록
피보다 진한 사랑으로 물들이도록

스치는 풍경 소리

월경 사 옆 어린이 박물관 갤러리
4월 벚꽃 떨어져 간 자리
유채꽃 재롱잔치 한창인데
그대 가슴 처마 끝에
풍경을 달고 돌아오고 싶습니다

먼 데서 바람 불어와 풍경 소리 들리면
스치는 풍경소리 배꽃이 화들짝 놀라서 휘날리는
고택의 배나무에 꽃이 만개합니다

풍경소리 들리면
보고 싶은 내 마음이 스칩니다
인적 없는 집을 지키는 고고한 자태를
버리지 못하고 스치는 바람에
꽃잎이 날리면 보고 싶은 내 마음이
먼저 알고 찾아갑니다

수선화

여기 초록빛 스커트에
노오란 블라우스가 멋진
언니 같은 꽃이 있다

조용한 목소리로 가슴에
종을 달고 두 손 모으는
향기도 웃음도 헤프지 않아

오래전에 알아온 사모하는 사람 닮은
맑은 눈빛으로 나를 부르는 꽃
오늘 수선화 곁을 지나간다

헤어지고 돌아서도 어느새 샘물같이
가슴 적시는 그리움이여
잊어버린 4월의 신부 같은 꽃이여!

주님을 기다리며

상수리나무 아래
두 뺨을 스치는 바람

그분의 손길인가

무화과나무 위
노을에 타는
불 구름 한 조각

그분의 기별인가

구름기둥 그늘 아래
사랑방 언저리
작열하는 태양빛 내리는
사막 가운데서도

그분의 서늘한 바람인가

어쩌면 첫날밤 잠들면 못 뵈올까
새 각시는 버선발

먼동을 애태운다

달려가서 맞이하고픈
그리운 마음인가

못 박힌 십자가

주님의 십자가를 생각하면
골고다에서 지신 십자가
단지 죄인이 진 십자가에 불과했지만
2000여 년 전에는
오늘날 십자가 앞에서 자신이
죄인이었음을 고백한 모든 이들에게
용서가 축복의 지름길임을 아는 것
사막의 샘물 같은 존재인 것을 아는 자

그대 진정한 주님의 사람
감사함으로 그 넓은 품 안에 거하라
미래의 삶도 이 나라 이 민족이 진정으로
살길은 십자가의 의미를 십자가 자랑으로 사는 자
그것이 진정한 십자가의 길을 가는 자
그렇게 살아가리라
십자가 사랑하는 자 그대는 아시는가
십자가를 세우는 자들의 발걸음을
눈물을 축복 있으라

앞날에 가정에 자녀들에게

이 나라 이 민족에게
주님의 은총과 축복의 나래가 이슬처럼 내림을
오늘도 나는 십자가 네온 바라보며
눈가에 가슴에 비가 내린다

별세의 기도 · 1

십자가의 사랑
주님 지신 십자가 짊어진 주님의 사랑
은총어린 십자가에 달려
돌아가신 십자가의 사랑

내가 한 알의 밀알 되어 죽어야만 변화되는 삶
욕심을 버리신 대속의 죽음
사랑하는 자들을 위하여 죽으신 십자가 지신 사랑
오늘도 주님께 엎드려 기도하면 사무치는 그리움

큰소리 외치는 자가 아닌
조용하고 세미한 음성
귓가에 들려오는 듯 너 가진 것 그저 주어라
주님께 엎드리면 더 낮아져야 하리 더 부서져야 하리

전도하라 전심을 다하여
내 안에 있는 철학
아집을 버려야 하리
주님께 내려놓아야 하리

부흥과 소망의 소리
우리의 소망은 천국
천국의 소망을 내 안에 모시고 섬기는 자
이것이 진정한 별세의 생활이어라

갈대에 부쳐

무슨 사연이 있어 하늘을 향해
고개를 들지 못하는가

바람에게도 항의도 못하고
저리도 시달리고만 있는가

하늘 향한 자존심, 끝내
소리 지르지도 못하고
칼바람에 살갗 마주치는 몸부림으로
아득한 냉가슴을 품 안에 삭히는

민초이고파
부풀어 가는
꿈을 숨긴 채
포효 한 번
끝내 지르지 못하고
바람에 흔들리기만 하는

저 사내를
누가 좋아라 박수치고 있는가

천국 가는 길은

진리의 성령은 모든 진리의 말씀으로 사는 자는
주님께로 향해 구도자로 사는 길
하나님의 말씀으로 살고자 힘쓰는 자
그대는 주님께로 향한 말씀 안에 사는 자
우리 안에 거하시는 성령 하나님의 온전한 사랑

진리의 등대 밝혀 주님 안에 거하는 삶
주님께로 향하는 온전한 사랑, 소망어린 삶
순례자들의 성지, 빛으로 오신 그분의 모습
아! 세상의 참빛 주님 안에 행하는 신실한 사랑
때때로 어리석은 기도에도 긍휼하심으로
귀 기울이는 사랑의 하나님

기도원에서 부르짖는 기도의 향연
말씀을 사모하는 자로 사무치는 그리움은
성령의 불, 말씀에 바다로 우리를 인도하시는 온전한 사랑
들을 수 있는 귀, 장래에 오실 거룩하신
주님께로 나아가는 자

구원으로 인도하시는 주님께로 나아가는 길
그것이 바로 천국 가는 길인 것을…

무상(無常)

높다란 소나무로
쪼르르 올라 건너뛰는 청솔

어제 같던 숨바꼭질 일상일랑
기억 속에 잠시 두고

새록새록 기억 속에 남겨 둔
풍경일랑 새 식구 맞이한다고
둥근 눈 크게 굴려가며
요리 기웃 저리 기웃

노목은 허허로운 웃음 짓고
인생은 무상이라고
놀다가 두고 온 먹잇감은
그냥 두고 오라고 속삭인다

그날에 족하라고
모두가 행복하려면
그렇게 하는 것이라고

눈보라

연호 사 처마 끝 양철 물고기 건드리는 눈보라
돌아보니 함벽루 황강으로 자욱하게 몰고 가는
눈보라 동편 금오산으로 눈보라는 한 사람을
단 한 사람으로 서 있게 하고 눈발은
소나무 숲을 거침없이 상봉으로 데려가 버렸다

눈보라여 한 치 오류도 깨달음도 없이 지나온 길을
뒤돌아보는 사람은 후회하는 사람일 것이다
황매산 정경을 뿌옇게 좀 먹는 눈보라여
나는 벌 받는 아이, 이 산을 들어섰다

이 세상 죄 덮고 빠져나가는 눈보라
눈보라 더 벌벌 떨게 나를 남겨 두고
이제는 괴로워하여 거칠은 목소리로 내 몸통을
뚫고 가는 독한 짐승 같구나
희망은 어찌하여 광기란 말인가

눈보라 속에서 흩어져 나는 죄짓지 않을 수는 없는가
가면 뒤에 있는 길은 길이 아님을
마침내 모든 길을 끊는 눈보라
저녁 눈보라 다시 처음부터 걸어오라 말하는가

날고 싶다

왠지 날고 싶다
소리 없이 어디론가 훌쩍 떠나고 싶다

그러나 날개가 부러져 버린 나는 수가 없다
육신은 멀쩡해 보여도 자꾸만 움츠러드는 나는 바위틈
어딘가로 숨기는 것이 전부가 되었다

소망의 나래를 창공을 향해 펼치고
내 안에 부서진 자아를 숨기고 싶다
하지만 나를 묶고 있는 끈이 너무 길어서 날아도 숨어도
금방 누군가에게 다시 잡혀 버리고, 들키고 만다

나를 인도하시는 분 그분 안에 진정한 휴식이 있으리라
내게도 쉼이 필요하다

제발 내가 숨 쉴 수 있게 도와줘요
내 영혼이 잠시라도 쉼을 얻게 해줘요라고 절규한다

내 영혼도 쉬고 싶어한다

흰 국화

한나절 뜨거운 날을 지나고
서산에 걸터앉아 목마른 너
심장의 열기가 식어가는 동안
무더위의 갑질을 지나쳐야 했다
시간은 매정하게 더 빨리 달리라
채찍질하는데 갈증에 타오르는
심장의 한복판에
피는 흰 국화 꽃잎이 붉어지고 있다

자동차 병원에서
삼 일 만에 심장이식
수술을 마친 너와의 동행

석양은 타오르지 아니한다
산타페 2019년 7월 18일 오후 4시 졸

평설

신학적 관조와 사랑과 그리움에 기초한 동행의 미학으로 그려내는 청담한 수묵화

– 시집 『아름다운 동행』을 중심으로

조신권(시인/ 문학평론가/ 연세대학교 명예교수)

송외동 시인은 경상남도 창원 출생으로서 1992년에 총회신학대학원을 졸업하고 1994년에 총신대학교 선교대학원을 졸업한 목사 시인이다. 그는 대양지역 아동 센터를 운영하고 있으며 대양중앙교회를 섬기면서, 『하나로 선 사상과 문학』 신인상으로 등단하였고, 경상남도 기독교 문화회원으로서 시 부분 신인상을 수상한 바 있으며, 제9회 『시와 창작』 특별문학대상을 수상(2022)하기도 하였다. 한우물 동인회 회원으로서, 『경남기독문학』, 『하나로 선 사상과 문학』, 『문학광장』, 『영남문학』 등의 잡지에 다수의 시를 게재하였고, 『옹해야』 『시마루』 『시울림』 등 3권의 동인시집을 출간하였으며, 이번에 『아름다운 동행』이라는 첫 시집을 상재한다. 『하나로 선 사상과 문학』 작가회 운영위원이며, 또한 『문학광장』으로 등단한 시인으로서 시림문학회 회원이기도 하다.

송외동 시인은 나름대로 자신만의 시세계를 갖고 일상과 자연 속에서 소재를 끌어와 시로서 잘 구현하고 독자에게 감동을 준다. 이번에 상재하는 시집은 5부로 짜져 있는데, 제1부 「봄날은 언제 오려나」(18편), 제2부 「일상에서 오는 행복」(21편), 제3부 「가슴 가득 사랑노래」(20편), 제4부 「그리움의 노래들」(21편), 제5부 「신의 축복의 노래들」(19편) 등 총 100편으로 이루어져 있다. 5부의 소표제 하나하나가 암시하듯이, 이 시집의 내용은 '일상에서 오는 행복', '사랑과 그리움의 노래', 그리고 '신의 축복을 노래하는 것'으로 집약할 수가 있다. 그것이 이 시집을 이루는 시세계요, 송외동 목사 시인이 추구하는 관심사요, 체험의 요체라 할 수 있다.

이 시집을 읽으면서 굳이 그 내용을 머리 아프게 따지고 해부하려 들지 말고, 먼저 느끼고, 그러고는 남은 의미를 한 번쯤 되새김질해보면 독자 여러분의 영혼의 일용한 양식이 될 것이다. 이 시집을 읽어 보면서 직감한 인상은 '연필로 눌러쓴 동화와 같다'는 것이다. 다른 필기유와는 달리 플라스틱이나 철필이 아닌 나무를 만질 때의 감촉처럼 정다울 뿐 아니라 진하고 강하거나 고답적으로 나타나는 글자들보다는 조금은 흐릿한 그래서 더 가까이 다가가고 싶은 이야기와 같다는 말이다.[1] 다시 말하면 그의 시집은 거의가 다 일상적인 것을 노래하고 있는데, 빛깔이 맑고 맛이 산뜻하고 개운하고 욕심이 없고 마음이 깨끗한 '청담한 수묵화'를 보는 것 같다는 느낌을 준다는 의미에

---

1) 정호승,『항아리』(서울 : 열림원, 2011), 171.

서 더욱 정겹고 따스하고 신선하기까지 하다.

시적 모습 바꿔놓기(變容)와 맞놓기의 비유로써 그려낸 일상

모더니즘의 기수 중 한 사람이라고 하는 박용철 시인이 말한 것처럼,[2] 시인은 지질학자도 아니고 기상대원도 아니지만, '나무'가 '꽃'을 피우기 위해 필요한 것을 '태양이나 바람 또는 물'에서 흡수하는 것처럼, '시인'도 '자연에서 빨아들인 생명의지'와 '일상생활의 풍경'이나 '시적인 연상' 또는 '기억과 인상'을 결집시켜서 '시'라고 하는 꽃을 피운다는 것이다. 시인이 '뮤즈의 샘가에 심은 나무' 곧 시가 세상의 '때'와 '속사'에 밀려 시들해지는 것 같아도, 민들레 홀씨처럼 높푸른 하늘을 가없이 마음껏 자유롭게 맴돌다가 뿌릴 만한 알맞은 장소라고 여겨지는 곳이 있으면 거기에 뿌리를 박고 전혀 부끄러워하질 않고 하얀 꽃을 피우듯이, 시상도 적절한 때 적절한 시인과 시법이나 언어를 만나면, 거기에 뿌리를 내리고 자연만물이 시적인 변용을 통하여 '순수 서정시'로 탄생된다는 것이다. 이런 의미에서 '변용', 일종의 미술적인 용어이기도 한 '데포르마시옹'(deformation)이란, 대상의 자연형태를 재현하는 것이 아니라, 작가의 주관에서 모양이나 형태를 의식적으로 확대하거나 변개하여 표현하는 그 기법을 문장이나 시문에서 차용하는 것을 의미한다.

이런 '변용'은 또한 '유추작용' 없이는 발생할 수가 없다. '유추작용'은 '물질'과 '정신'(마음)을 결합시키는 지각

---

2) https://info-topia.tistory.com/7.

이라 할 수 있는데, 이 유추작용이 없으면 자연이 갖는 무수한 '변용의 의미'를 지각할 수가 없다. 우리가 하는 모든 '생각'은 '유추적'이고, 이런 '환유'를 배우는 것이 시인이 하여야 할 첫 번째 도리요 과제라 할 수 있다. 시인은 자연의 끝없는 변용 속에 함축되어 있는 의미에 대한 성찰과 통찰 또는 직관적인 인식을 비유를 통해 예술적으로 표현하는 사람이다. 이런 의미에서 '변용'은 자연스럽게 '비유'와 관계를 맺게 된다. '비유'가 단순히 유추에 의한 '유사성'의 발견이나 말의 효과적 전달을 위한 장식이거나 새로운 말의 창조라는 '수사학적 논리'만으로써는 미흡하다. 그보다는 차라리 비유의 현대적 논의에서 보여주고 있는 바와 같은 '언어의 상호작용'이나 '긴장관계'에서 그 가능성의 단서를 발견하는 것이 더 바람직하다. '비유'의 본질은 어떤 사물을 드러내기 위해 그와 유사한 다른 사물을 비교하여 설명하는 어법이지만, 아리스토텔레스는 그걸 '의미의 전이'로 설명했고, 이러한 의미의 이동을 '대치이론'으로 설명하기도 한다. 송외동 시인은 이런 변용과 비유를 잘 구사하는 능력을 가진 시인이다. 그의 시를 실례로 들어서 해설하며 그의 그런 시 정신을 살펴보겠다. 먼저 「8월 편지」라는 시를 보자.

8월하면 왠지 펄떡이는 숭어가 생각나요
짙푸른 강물은 금팔찌를 낀 비늘이 번쩍이고
황매 산자락은 지느러미를 세우고 있어요

바윗덩어리를 벗어 놓고 싶은 일상에도

마음은 싱싱한 아침 이슬 같군요
푸르른 초록 바다 위에 울음 우는 하얀 꽃망울이 이네요

메아리는 풀 냄새를 낳고 아침이슬은
비로소 익어가는 날갯짓을 하고 있네요

8월의 온 하늘이 한 장의 편지가 되어 다가오고 있어요

-「8월 편지」 전문

이 시는 4연으로 구성된 시로서, 8월의 자연 현상에 대한 사실적인 인식을 기초로 해서 투명한 눈동자에 비추어지는 내적 풍경이나 인상을 소박하게 형상화한 시다. 제1연에서 화자는 8월하면 생각나는 것이 '펄떡이는 숭어'라고 한다. 그 이유는 8월이면 짙푸른 강물이 떠오르고, 마치 금팔찌를 낀 것처럼 동글동글한 금빛 비늘이 번쩍이며, 황매가 열린 산자락이 마치 물고기가 지느러미를 세우고 있는 것이 마음의 눈에 보이기 때문이다. 서상한 바와 같이, 이런 표현은 마음이 활성화되는 지평과 그 시야가 깊고, 무엇보다 체험의 동선이 사물과 늘 잇대어져 있을 뿐만 아니라 사물과 늘 신선하고 싱싱하게 만날 수 있기 때문에 가능하다. 이와 같이, 8월을 숭어로, 짙푸른 강물로, 금팔찌를 낀 비늘로, 황매가 열린 산자락으로 변용하여 비유하지 않으면 이 제1연은 이루어질 수가 없다. 이렇게 함으로써 8월에 대한 계절 감각이 달라지게 되고 더욱 신선하고 푸르고 싱싱하게 느껴지게 된다.

제2연에서는 '바윗덩어리'와 같은 삶의 중하(重荷)를 벗어 놓고 싶은 매일 매일의 일상이지만, 8월에 '펄떡이는 숭어'나 '물고기가 지느러미를 세운 듯 열린 황매'를 생각

하면, 아침 이슬처럼 마음이 싱싱하고, 푸르른 초록 바다 위에 흐르는 눈물처럼 버그는 하얀 꽃망울 같다고 한다. 한 폭의 청담한 수묵화를 보는 것처럼 따스하고 정겨워진다는 것이다. 이는 바윗덩어리로써 일상의 중하를, 푸르른 초록 바다로써 바람에 물결치듯 하는 푸른 풀밭을, 울음 우는 하얀 꽃망울로써 푸른 풀잎에 떨어질 듯 맺힌 이슬을 연상하게끔 변용 비유함으로써만 가능하게 된다.

제3연에서는 메아리와 같은 8월의 바람은 풀 냄새를 일게 하고, 아침이슬은 비로소 과일이 익듯 크게 자란 새가 날아가려고 날갯짓을 하듯이, 바람에 팔랑팔랑 흔들리는 모양을 거머쥐어 형상화하고 있다. '아침 바람'을 '메아리'로 변용하니까 풀에 바람이 부닥쳐서 냄새를 일으키게 되고, '아침 이슬'을 '새'로 변용하니까 풀잎에 이는 이슬방울이 날아가는 것처럼 날갯짓 하는 것으로 보이게 되는 것이다.

제4연에서는 8월의 '온 하늘'이 '한 장의 편지'가 되어 다가오고 있다고 했는데, 이는 아마도 온 하늘에 덮인 흰 구름을 종이처럼 보고 바람에 불려 흘러가는 모양을 편지가 되어 소식을 가지고 다가오는 것처럼 묘사한 것이 아닌가 한다. 그렇다 하더라도, 이는 하늘의 흰 구름을 하얀 종이로 변용시키고 햇살을 펜 또는 연필로 치환해서 볼 때 비로소 가능하게 되고, 더 더욱 하늘에 이는 바람이 편지를 전달하는 우편배달부로 의인화될 때 비로소 이루어질 수 있는 일이다. 뿐만 아니라 흰 구름을 종이로 보는 것이나 멀리 떠난 사랑하는 임의 소식을 구름이라고 하는 종이에 써서 바람결에 부쳐 전하는 것으로 보는 '투명한 눈동자' 즉 관조의 눈을 가질 때에만 더욱 가능해지는 것이다. 삶의 무거운 짐이 있어도 8월이라는 계절의 일상 속에서 하늘이 흰 구름을 종이 삼아 햇살로 써서 보내는 편지를 받아 볼 수만 있다면, 무거운 짐을 짊어지고 있다 하더라도 그 마음은 늘 푸르고 싱싱하며 행복하고 황홀하게 될 것이다. 편지를 기다리는 자가 새가 다 자라 하늘을 향해 날아갈 것과 같은 그런 비상과 그리워하는 마음을 가졌다면 더욱 그러하리라. 이런 변용 비유를 조금만 수직적으로 확대하면 괴롬 많고 삶이 무거운 현장으로 구름타고 찾아오시는 복음, 곧 복된 소식이신 예수 그리스도로 승화될 수 있을 것이다. 다음으로 「아침 밥상」이라는 시를 다시 보자.

아침밥을 먹는다 //풋풋한 상추와 머위 한 쌈으로 잡곡밥에/양파, 마늘종, 냉이로 된 아지랑이가 피어오른다 //한숨은 먼발치에 던져두고/꽃을 담은 보따리를 풀어서 비벼본다 //만나면 지저귀는 밥상에 새소리 민들레 한줌 따고 /텃밭 부추 베어다가 부추전 감자전으로/잠깐 고추 썰어 놓은 매운맛에 설운 눈물도 짜낸다 //산다는 것은 눈물 나는 일 //상추쌈에 들어가서 누워본다/쌈밥에 계곡물소리가/볼이 터지도록 넘쳐 흐른다. -「아침 밥상」 전문

이 시는 6연으로 이루어진 아침 밥상에 대한 사실적인 인식을 바탕으로 해서 범사에 감사하는 마음을 형상화한 시다. 형상화하는 이미지가 아주 신선하고 따사롭다. 아침밥을 못 먹는 사람도 있을 수가 있는데도 불구하고, 화자는 아침밥을 먹는 것이 얼마나 고맙고 감사하며 더욱 하찮은 일상 속에서 하나님의 사랑의 손길을 느끼게 되어

감사하다고 한다. 단 한 줄이지만 많은 말이 그 침묵 속에 함의되어 있다.

제2연에서는 풋풋한 상추와 머위와 양파, 마늘종, 냉이를 잡곡밥에 한 쌈으로 싸서 먹으면 아지랑이가 피어오른다는 것이다. 여기서 가장 신묘한 묘사는 바로 '아지랑이가 피어오른다'는 표현이다. 이 말은 곧 만족하고 너무 황홀하며 아지랑이가 피어오르는 봄날처럼 포근하고 따스하며 아련하다는 뜻을 함축하고 있다.

제3연에서는 소박한 밥상이지만 가족이 둘러 앉아 식사를 같이 할 때면 한숨은 먼발치에 던져두는 것처럼 오순도순 담소하며 미소 짓고 보따리에 따서 담아온 꽃들을 잡곡밥에 풀어서 비벼 먹으면 역시 아지랑이가 아른아른 피어오른다고 한다. 이는 인생 누구에게나 다 있는 근심걱정 희로애락을 가슴에 무겁게 품고 속을 상하게 하지 말고 가족애와 따스한 한 끼니 식사를 나누면서 풀자는 것이다. 지평이 깊은 눈으로 살피며 소통하는 아침 밥상은 너무나 기쁠 수밖에 없을 것이다.

제4연에서는 어른 아이들 식구들이 모두 모여 만나면 새들이 지저귀는 것처럼 조잘조잘 대며 밥상을 맞는데, 민들레 한줌 따고 텃밭 부추 베어다가 잠간 고추 썰어 놓은 부추전 감자전을 먹으면 그 매운 맛에 눈물, 설운 눈물이 짜내진다는 것이다. 매워서 흐르는 눈물을 가난해 서러워 우는 눈물로 변용시킨다.

제5연에서는 그렇게 먹고 살아가는 삶을 일상생활과 연결시켜 산다는 것은 눈물 나는 일이라고 한다. 가난에 대한 사실적인 인식은 눈물 나는 일이다. 그러나 그것을 제

6연에서는 가난한 화자가 상추쌈에 들어가 누워 물아일체가 되어 그 가난한 삶의 표상인 그 잡곡 쌈밥을 볼이 터지도록 입에 넣고 씹으면, 계곡물소리가 넘쳐흐르듯이 만족해진다고 한다. 이 시에서 보여주는 것은 시의 모습 바꿔놓기와 맞놓기의 비유로써 일상을 일상에 머물게 하지 않고 그 경계를 넘어 수직적인 것과 연결시켜 승화시킨다는 것이다. 「작은 것에도 감사」라는 시를 또 보자.

아침 이슬 영롱한 햇살에/서늘한 가을바람 달아나고/땀의 대가로 얻어진/가을의 풍성한 보배 //함박웃음 짓는/농부의 가득한 행복/넉넉한 마음/활짝 피고 //여유로운/미소로 다가오는/반가운 얼굴들 //땀 흘린 수고/잊게 하는 저 자식 같은/과실 바라보는 그윽한 눈빛은/해맑간 미소 천사가 된다

- 「작은 것에도 감사」 전문

이 시는 4연으로 이루어져 있는 작은 것에도 감사하는 신심을 형상화한 시다. 제1연은 "아침 이슬 영롱한 햇살에/서늘한 가을바람 달아나고/땀의 대가로 얻어진/가을의 풍성한 보배"로 되어 있다. 여기서는 사물을 '바꿔놓기'(치환)하는 것이 아니라 '맞놓기'(병치)의 관계로 보고 있다. 이것은 '바꿔놓기'(치환)에서처럼 어느 한쪽으로의 '합침'이 아니라 서로 각각 다름 상태를 유지하면서 제3의 효과나 '의미'나 '정서'를 자아내게 하는 방법이다. '맞놓기'는 같은 사물이나 유사한 사물을 나란히 맞놓기 하는 것보다 '이질적인 사물들'이나 '양극적인 사물들' 또는 아주 생뚱맞거나 아주 엉뚱한 겉보기에는 전혀 유사한 것이 없는 그런 '거리가 먼 것들'을 같은 자리에 나란히 맞대어 놓을 때 더욱 큰 파장을 일으킨다. 왜냐하면 서로 다르거나 양

극적인 것, 또는 겉보기에는 전혀 같은 것이 없는 그러나 유사점이 잠재해 있는 것을 같은 자리에 배치해 서로 대치시키거나 의미나 정서의 충돌을 느끼게 하다가 새롭게 고안된 '배열', 곧 '병치'의 형식에 의해 일치되게 하는 '특수한 인식'을 갖게 하기 때문이다. 이런 시법을 송외동 시인은 이 시에서 활용하고 있다. 아침 이슬과 영롱한 햇살을 맞놓았는데 이슬과 햇살은 사뭇 다르면서도 서늘한 가을바람을 달아나게 하는 질서 속에서는 일치하는 힘으로 느끼게 한다. 햇살과 바람, 아침과 밤이 균등하게 교차하는 가운데 사람들이 땀을 흘려 가꾼 대가로 가을에 보배로 변용 비유된 과일을 얻게 되는 것이다. 햇살만 계속 나도 안 되고 바람만 계속 불어도 풍성한 보배 같은 과일을 거둬들일 수가 없을 것이다. 우리가 흔히 보는 과일의 수확 속에서 자연과 인간의 유기적인 관계를 보고 더 나아가서는 보이지 않는 손길의 움직임도 볼 수 있는 관계로 확대되는 것이다.

하나의 과일 속에서 유기적인 세계관을 볼 수 있고 그런 풍성한 신비체험을 할 때 농부로 대유된 인간은 함박웃음으로 비유된 희락을 맛보게 되고 넉넉한 마음이 꽃처럼 활짝 피어나고 행복이 가득하게 될 것이라 한다(제2연). 이렇게 하늘과 땅, 사람과 자연이 상충과 갈등을 넘어 유기적인 합일을 이룰 때 그곳이 바로 낙원이 되고 모두가 여유로워진다고 시인은 말한다(제3연). 그렇게 되면 땀 흘린 수고도 잊고 자식처럼 과실을 바라보고 해말간 미소와 그윽한 눈빛으로 대하게 된다는 것이다. 이런 세계가 곧 낙원이고 지상에 임하는 하늘나라가 아니겠느냐는 것이다.

우리가 눈으로 보는 만물은 보이는 현상이라는 옷을 입고 있다. 우리의 삶도 대체적으로는 일상과 규범이라는 옷을 걸치고 나타난다. 눈에 보이는 현상이나 삶의 일상이 소중하지 아니한 것은 아니지만 그것이 만상과 삶의 전체라고 생각하는 것은 터무니없이 어리석은 판단이라 아니 할 수가 없다. 시인 특히 목사 아니 기독시인이라면 그런 현상과 일상 및 평범함 속에 잠재되어 있는 기적과 신비 및 신적인 묵언(默言) 또는 침묵의 의미를 읽어내 형상화하여야만 한다. 이 시가 바로 그런 시의 전범이라 할 수 있다. 「눈이 내리는 날에」라는 시를 다시 보자.

하늘이라고 왜
패역한 이 세상에
복 바치는 원한이 없겠는가

차마 말할 수 없는
찢긴 하늘의 가슴앓이가
왜 없겠는가

하늘이
얼어붙은 가슴살
잘게 부수어 갈대에 부쳐
무슨 사연이 있어 하늘을 향해
고개를 들지 못하는가

바람에게도 항의도 못하고
저리도 시달리고만 있는가

하늘 향한 자존심, 끝내
소리 지르지도 못하고
칼바람에 살갗 마주치는 몸부림으로
아득한 냉가슴을 품 안에 삭히는

민초이고파
부풀어 가는
꿈을 숨긴 채
포효 한 번
끝내 지르지 못하고
바람에 흔들리기만 하는

저 사내를
누가 좋아라 박수치고 있는가
세상에 흩뿌리니

큰 꾸중한 줄 알고 놀란 산야
백지장처럼 하얗게
질려버렸다

창공은 맷돌에 갈아
묵언의 욕설로 헐벗은
어린 가장 하늘이라고

그 분노
온 누리 하얀 몸부림
소리쳐 외치는 내 몸짓

- 「눈이 내리는 날에」 전문

이 시는 6연으로 구성된 시로서 눈이 내리는 날의 내면적 풍경을 형상화한 시다. 제1연에서 화자는 사람으로서

마땅히 하여야 할 도리에 어긋나고 순리를 거스르는 불순한 이 세상에 대해 하늘도 복 바치는 원한이 많을 것이라는 것을 강하게 표현하고 있다. 무생물인 하늘이 어떻게 패역한 세상을 감지하며 그 세상을 향하여 가슴 복 바치는 원한을 가질 수가 있겠는가? 이는 상상도 할 수 없는 일이다. 그러나 하늘을 의인화하면 하늘도 말을 할 수 있고 느낄 수도 있으며 마음에 복 바치는 원한을 품을 수도 있고 탄식할 수도 있다. 차마 말할 수 없는, 가슴이 찢긴 하늘이 이렇게 많은 가슴앓이를 앓는 것은 너무도 당연하다(제2연). 하늘을 가슴앓이를 하는 사람과 병렬시키고 찬 겨울바람을 패역한 세상과 병치시킴으로써 일상을 뛰어넘게 한다. 복 바치는 원한을 품고 가슴앓이를 하던 겨울이 더 이상 참을 수 없어서 얼어붙은 가슴살을 가루처럼 잘게 부수어 세상에 뿌리는 데 그것이 눈가루라 할 수 있다(제3연). 잘 부슨 눈을 세상에 흩뿌리자 큰 꾸중을 듣고 놀란 아이로 변용 비유된 산야가 너무 너무나 무서워 얼굴이 백지장처럼 하얗게 된다고 했는데, 이는 솜처럼 보드라운 백지장처럼 새하얀 눈이 나리는 모습을 내적인 풍경에 빗대어 묘사한 것이다. 푸른 하늘이 맷돌에 갈 듯이 잘게 부서져 말없이 내리는 눈발은 가진 것 없는 헐벗은 어린 가장에게는 하늘이 쏟아내는 묵언의 욕설이 될 것이다. 제6연에서는 그 분노 온 누리에 쏟아낸 하얀 몸부림과 소리쳐 외치는 화자의 몸짓을 동일시한다.

이 시는 하늘로 대유된 하늘의 하나님이 패역한 세상과 사람들을 보면서 가슴아파하고 가슴앓이를 하다가 눈으로 대유된 진노를 흩뿌리듯이 목사인 시인 자신도 돌아가는 세상 꼴을 보면 가슴이 터질 듯 하고 가슴앓이 하던 마음을 소리치고 외치는 몸짓으로 분노를 내지른다고 한다. 눈이 내리는 날은 우리가 흔히 맞는 일상적인 날이다. 그런 일상사를 사물과 정신이나 관념을 빗대어 표현하는 비유나 변용기법으로써 일상에 머물게 하질 않고 사물을 사물 그대로 있게 하지 않을 뿐 아니라 일상을 뛰어넘는 차원까지 고양시키거나 승화시킨다.

서상한 바와 같은 '맞놓기'와 '바꿔놓기'의 수법은 엄격히 구분될 것이 아니라 '맞놓기'에 가까운 '바꿔놓기'의 시법을 요구하게 된다. 그래서 '맞놓기' 자체가 '바꿔놓기'의 배음(overtones)을 환기하거나 상이한 '바꿔놓기'가 단순한 관념을 위한 매체로 사용되는 것이 아니고, 매체 이미지들의 신선한 '맞놓기'를 통해 독자의 세계를 보여주거나 '맞놓기'의 은유처럼 고립된 것이, 시 전체의 문맥에 따라 '바꿔놓기' 은유가 되며, 그 역도 가능한 것일 수도 있는 것이다. 결론적으로 '바꿔놓기'가 시 속에서 맡는 역할은 의미(significance)를 제시함에 있고, 병치의 '맞놓기'는 존재(presence)를 창조함에 있다 할 것이다.

따라서 이상적 시어의 비유적 어법은 '바꿔놓기'와 '맞놓기' 양자를 동시에 '조화'하는 것이라 할 수 있다. 시에 있어서 비유어의 정당한 의미는 '비교'나 '대조'나 '유추'에 의한 동일성의 발견이라는 차원을 넘어 '비동일성'에 의한 '폭력적 결합'과 '창조'에 있으며, 어떤 사물을 쉽게 인식하고 표현하려고 원관념에 보조관념을 동원하거나 주지와 매체의 형식을 빌었던 '수사학적 방식'이 아니라, '이질적 언어'를 병치시켜 언어의 상호작용, 긴장관계를 조성하고,

이로써 새로운 의미와 정서와 리얼리티를 창조하는 독특한 어법에 있음을 알 수 있는 것이다.[3] 이런 시법 구사는 '사물'이나 '상황' 또는 '현상'을 보통 사람들과는 다르게 보는 눈이 있을 때에만 가능하다. 그런 눈은 가지고 태어나는 것이 아니라 작가 자신이 배워서 익히고 연습과 훈련을 통해서 길러야만 한다. 그런데 송외동 시인은 그런 눈을 가지고 있는 탁월한 시인이다.

사랑과 그리움을 바탕으로 하는 아름다운 동행의 관계미학

송외동 목사 시인의 시들은 언어적 세공의 공교로움보다는 생활과 삶에 충실한 직정의 언어들을 구사해서 시를 쓰고 있다는 느낌이 크다. 언어적 솜씨의 뛰어남보다는 진솔하고 질박한 마음을 표현하는 것이 특징이라 할 수 있다는 말이다. 그러나 그의 시를 예사롭게 넘길 수 없게 하는 것이 곧 그가 시의 핵심을 '끈의 철학'으로 묶기 때문이다. 그런 끈으로 이어지는 관계의 미학을 특히 가족과 고향 길에서 발견하게 된다. 이러한 열정은 그의 마음속에 흐르는 정리와 주위의 배려에서 느껴지기도 한다. 그들의 관계는 사랑과 그리움을 바탕으로 하는 아름다운 동행의 관계를 이루는 원초적 관계 미학이라 할 수 있다. 「어머니의 손길」이라는 시를 먼저 보자.

콩밭 매는 저 소나무
시원한 바람에 이마 땀방울 훔쳐내면

---

3) http://blog.daum.net/pyou87/11154549.

비둘기 떼 푸드득 햇살 속으로 날아가고
봄 향기 한 바구니 가득 담아
저무는 신접살이
솔바람에 묻혀 보낼까

봄동 막 무쳐내어 내일은
막내에게 나물 싸서 보내리

건너편 채 나물 밭에선
산새들이 풀을 뽑는다
달빛 영근 고단한 삶
한 평생 자식농사, 농사일에
풍성한 결실로 언덕길 오르는
햇살 같은 자식 사랑

끝없는 손길이 나무 끝에 머무네

-「어머니 손길」 전문

이 시는 5연으로 이루어진 예외 없이 시골에서는 어디서나 볼 수 있는 농사짓는 일의 단면인 콩밭 매는 일을 어머니의 내적인 풍경으로 형상화한 시다. 콩밭은 대개 그렇듯이 소나무들이 자라는 산자락에 대개 있고 김을 매거나 거두는 일은 논일을 주로 하는 아버지보다는 밭일을 주로 하는 어머니(여성)의 몫이라 해도 과언이 아니다. 밭일을 할 때는 어머니가 주역이 되고 아버지는 밭갈이 할 때나 나서는 조역이 된다. 그러나 논일을 할 때는 아버지들(남성)이 주역이 되고 어머니들은 식 참을 내거나 잔손이 필요할 때 돕는 조역이 된다. 이런 일상적인 농사일을 분담하는 가족관계도 전통적인 끈으로 이어지는 아름다운 동행의 관계라 할 수가 있다. 이 시에 있어서 화자는 콩밭 일을 하는 여자 즉 어머니다. 이 시는 어머니의 시선으로 바라다보는 따듯한 유기적인 세계관의 표명이라고도 할 수 있다.

제1연에서 숨은 화자 어머니는 소나무와 자기를 동일시한다. 이런 시적인 변용과 전치의 관계를 의인화로 이룰 수 없으면 소나무라는 식물이 움직일 수도 없는데 어떻게 콩밭을 맬 수 있겠는가? 그건 죽었다 깨어나도 있을 수 없는 일이다. 소나무가 어머니로 의인화 되니까 무더위가 한창인 때 김을 매는 이마에서 땀방울이 흘러내릴 수가 있고, 시원한 바람에 이마의 땀방울을 훔쳐낼 수가 있는 것이다.

제2연에서는 콩밭으로는 심심치 않게 날아든 비둘기들이 김매는 아낙네들이 곁으로 다가오면 으레 떼를 지어 푸드득 햇살로 대유된 하늘을 향해 날아간다고 묘사한다. 비둘기는 대체로 떼를 지어 날아오고 떼를 지어 날아가는 것이 보통이므로 시인은 이런 사실적인 인식을 기초로 해서 시를 구성하고 있다. 콩밭 매는 때는 보통 봄철이니까 봄 향기를 으레 맡을 수 있는 데, 그 향기가 공기 중에서 떠도는 것이 아니라 산 속의 소나무나 그 자락에서 자라는 풀들과 콩밭의 콩 잎들과 콩 나무들 사이 사이에서 자라는 나물들에서 나는 것으로 묘사된다. 봄 향기로 대유된 봄나물들을 한 바구니 캐고 뜯어 가득 담아 저녁 준비하는 새살림을 위해 솔바람을 양념 삼아 묻혀 보낼까 하고 설의한다. 콩밭에서 해 저무는 저녁때까지 일을 하다가 집에 돌아갈 무렵이 되면 아들이든 딸이든 갓 결혼을 해서 신접살림을 하는 자식 생각이 나기 마련이다. 생각하면 무엇인가 주고 싶은 것이 인지상정이다. 그 정표로서 현장서 구할 수 있는 채소와 나물들을 한 바구니 가득 담아 솔바람에 묻혀 보내고 싶다는 것인데, 이 또한 사랑과 그리움을 바탕으로 한 아름다운 동행 관계로 이어지는 끈의 철학이 표현된 것이다.

제3연으로 이어지면서 봄나물을 한 바구니 가득 묻혀 보내고 주고 싶은 자식은 막내라는 것을 알 수가 있다, 아니면 내일이라고 했으니까 오늘은 다른 자식에게 보내주고 내일에는 봄나물을 묻혀 막내에게 보내주겠다는 의지 표명이라고도 할 수가 있다. 콩밭 건너편에는 채소밭이 있는데, 거기서는 어머니 또는 여성의 대유인 산새들이 풀을 뽑는 것으로 묘사된다. 산새들이 풀잎을 쪼아 먹고 있다고 하질 않고 아주 잘 자라는 콩밭의 풀을 뽑는 것으로 묘사한 것도 인간과 자연의 관계를 적대적인 관계로 보는 것이 아니라 상부상조하는 유기적인 아름다운 동행 관계를 보여준 것이라 할 수 있다. '달빛 영근'이라는 말도 콩이나 낱알이 자라 여무는 것을 비유로 한 말로서 세월의 흐름을 표상한다. 여기서는 한 평생을 가리키는 말이라고 해도 과언이 아니다. 시골 어머니들은 대개 농사일을 하니까 하루도 쉴 사이 없이 일을 하지 않으면 먹고 살 수가 없다. 그러니까 어머니의 삶은 고단할 수밖에 없다. 달이 이울고 여무는 주기를 기준으로 한 월력에 맞춰 농사를 짓는 것처럼 자식농사도 마찬가지라는 것이다. 씨 뿌리고 물주고 가꾸고 김매고 거둬드리는 것을 달의 주기적인 운행에 맞춰서 하는 것처럼 자식을 키우는 것이

농사짓는 일과 꼭 마찬가지로 어렵고 힘들고 고달프다고 한다. 그걸 어머니들이 다 해낸다는 것이다. 농상일이나 자식농사나 마찬가지로 그렇게 씨를 뿌리고 가꾸고 김매주고 정성껏 돌보면 자연 풍성한 결실을 보기 마련이다. 산자락에 있는 밭에서 결실을 거둬드리기 위하여 언덕길을 오른 햇살과 같은 어머니의 자식 사랑은 말할 수가 없다. 그런 관계를 숨은 변용과 비유로써 멋지게 아름답게 표현하고 있다.

마지막 연에서 화자는 어머니의 무한한 아가페적인 사랑을 '끝없는 손길'이라는 생생한 동작 또는 운동 이미지로써 표현함으로서 콩밭이나 채소밭을 가꾸고 돌보는 것처럼 자식을 돌보는 사랑 행위를 느끼게 한다. 끝없는 손길로 돌보는 자식 사랑이 나무들로 변용 대유 한 자식들한테 머무는 것으로 표현한 절창이다. 「아버지의 등」이라는 시를 또 보자.

고향 야산에는/폭염에 목마른 아지랑이가/구릿빛 등짝을 달군다 //그해 여름/사라호가 지나간 들판에/메밀을 심어야 실속 들을 굶지 않는다며/뼈대에 거죽만 붙은/반평도 안 되는 당신의 등으로/거센 태양을 막았다는데 //그 후 두 번의 태풍에/비닐하우스 폭풍에 날리듯/앙상한 아버진 논 물꼬 튼다고 나가신 것이/마지막 하늘로 날아 가셨나 땅으로 꺼져 가셨나/알 수도 없이 그리움만 목이 긴 사슴이 되어/지금도 삽만 보면 가슴이 아련해진다/유년의 기억은 통곡이 되어 소낙비로/내게로 윤회 같은 세월만 굴렸는데 //바람 센 날/장하게 견딘 저녁노을에/주먹을 쥐고 손가락을 비비며/삽자루 수없이 부러지던/저, 산에 기약 없는 가묘/아버지는 참 오래도록 기다리게 하신다/그냥 가묘에 계신다고 생각하고 사는 게 나아리라 하시는 것 같다

- 「아버지의 등」 전문

이 시는 4연으로 구성된 아버지에 대한 추억과 그리움을 내적 풍경으로 그려낸 아주 아름다운 시다. 시골 농사를 짓는 사람들은 대개 그 자락에 붙어 있는 야산을 소유하고 있는데, 대개는 가묘들이 거기에 있다. 나무들이 없는 야산 양지 바른 곳, 들판이라고 해도 무방할 만한 곳에는 주로 물을 덜 필요로 하는 메밀 같은 곡류를 심는데, 이 시에서도 '아지랑이'로 변용 대유된 화자의 아버지는 야산 자락 들판에 메밀밭을 가지고 있었던 것 같다. 흔히 여름철의 맑은 날 햇살이 강하게 내리 쬘 때 양지 바른 곳에서 발생하는 아지랑이에 비유되는 아버지가 무던히 뜨거운 폭염 밑에 목이 말라 허덕이며 메밀밭에서 허리를 굽히고 구릿빛 등짝을 내놓은 채 일을 하는 모습이 묘사된다(제1연).

사라호가 지나간 1959년 여름, 알짜 가족들을 먹여 살리기 위해서는 야산에 붙은 들판에 메밀을 심어야 한다면서 뼈대에 가죽만 붙은 피골이 상접한 반 평도 안 되는 아주 왜소한 체구를 굽혀 거센 태양을 등으로 막아내며 일을 하셨다는 것이다. 허리를 굽혀 등을 하늘로 향해 내놓고 뜨거운 햇살을 참아 버티며 일을 하시는 아버지의 모습을 생생하게 떠오르게 한다(제2연).

제3연에서는 그 후 두 번의 태풍에 비닐하우스 폭풍에 날리듯이 가볍고 앙상한 아버진 논 물꼬 튼다고 나가셨는데, 그것이 마지막 하늘로 날아 가셨나 땅으로 꺼져 가셨나 알 수도 없이 사라지셨다는 것이다. 그 아버지에 대한 그리움만 목이 긴 사슴이 되어 지금도 남자들의 농사짓는 대표적인 도구인 삽만 보면 가슴이 아련해진다고 한다.

그 일이 발생한 것이 화자의 유년시절인 모양이다. 아버지의 행방이 모연한 그 사건에 대해 생각하기만 하면, 그 기억이 통곡으로 변용되었다가 다시 그것이 소낙비가 변용되어 화자에게로 수레바퀴가 끊임없이 도는 것처럼 번뇌와 고통이 되어 돌아오면서 세월은 흘러간다고 한다. 윤회는 불교적인 용어로서 해탈하지 못한 인생의 덧없음을 드러낼 때 쓰는 말이다. 화자는 아버지에 대한 어린 시절의 기억만 떠올리면 세월의 흐름이 무상한 것 같다.

제4연에서 화자는 자신도 어렵게 고생하면서 버티고 살아와 지금은 저녁노을에 이르렀다는 인식에 이른다. 그러면서 주먹을 쥐고 손가락을 비비며 굳은 의지로 버티고 삽자루 수없이 부러뜨리며 농사를 짓던 아버지의 묘가 있는 야산에 있는데, 그 묘가 참으로 오래도록 화자를 기다리게 한다고 한다. 화자 자신이 죽어서라도 아버지를 다시 만나고 싶은 재회의 그리움에 대한 의지적인 표명이다. 그러고 나서는 그냥 그런 생각을 접고 가묘가 거기 있는 것으로 만족하고 사는 것이 나아리라고 하시는 것 같다는 생각으로 위로를 삼는다.

이 시도 끈으로 이어지는 가족의 아름다운 동행 관계를 마음속에 흐르는 내적인 풍경으로 그려준 시다. 이런 그리움과 사랑의 관계를 보편화해서 끈의 철학으로 풀어낸 시가 첫 번째 시집의 제목인 『아름다운 동행』이라는 작품이다. 그다지 어렵지 않은 시여서 여기다 인용만 하고 해설은 지면상 생략하겠다.

너와 나 그리고 우리 모두 다함께 나아가자/손에 손잡고 발걸음을 맞추자 나란히 나란히 //무화과나무는 자줏빛 피멍이 주렁주렁/백합화는 천사의 미소로 방실방실 //눈보라치는 날에도/폭풍우 치는 날에도 //서로의 체온으로 땅방울이 몽골몽골 하도록/젖먹이 엄마젖 빨듯이 힘을 다하자 //서로를 위해 모두를 위해/어깨동무하고 나아가자 //오직 그날이 가까울수록/두 손을 꼭 잡고 발맞추어 나아가자 //뒤처진 자 앞에서 끌어주고/함께 걸어가자

-「아름다운 동행」 전문

너와 나 그리고 우리 모두 눈보라치는 날에도 폭풍우 치는 날에도 서로의 체온으로 땅방울이 몽골몽골 하도록 젖먹이 엄마젖 빨듯이 힘을 다하고 서로를 위해 모두를 위해 오직 주님의 때가 가까울수록 어깨동무하고 두 손을 꼭 잡고 발맞추어 뒤쳐진 자 앞에서 끌어주고 다함께 나아가며 걸어가자고 하는 아름다운 동행의 미학을 유감없이 보여주는 시다. 이런 시들은 너무도 많아서 일일이 매거할 수가 없다.

신학적 관조 : 수평을 넘어서는 수직적인 시선

우리가 흔히 생각하는 것처럼 '관조'란 일상적인 사고나 통찰에서 암시받는 그런 수동적인 행위가 아니다. 단순히 시선을 사물에 내맡기거나 내버려버리는 태도도 아니다. 국어사전을 보면 관조는 주관을 떠나 고요한 마음으로 사물을 관찰하는 것이라 기록돼 있다. 사전적 의미로는 통찰, 관찰과 어느 정도 그 뜻이 일맥상통한다고 볼 수 있다. 그러나 관찰하고 나서 가만히 지켜봄에 그치지 않는 사색하고는 엄연히 다르다. 미학에서는 미(美)를 직접적으로 인식하는 일을 일컫는 말이고, 불교에서는 지혜로 모

든 사물의 참모습과 나아가 영원히 변하지 않는 진리를 비추어 보는 것을 뜻한다. 그것은 직감만으로, 막연한 응시나 관찰만으로, 아니면 이성적인 분석과 판단만으로 이루어지지도 않는다. 영혼이 활성화되는 지평과 그 시야가 깊어져야 하고, 그 정신과 연찬의 폭과 넓이가 확대되어야 하며, 무엇보다 체험의 동선이 사물과 늘 잇대어져 있어야 하고, 늘 신선하고 싱싱하게 만나야만 한다. 신학적 관조란 관념적으로 하나님의 신성한 흔적과 초월을 주워섬기고나 노닥거리는 것이 아니라 일상과 자연 속에서 신성의 심오한 풍경을 밝고 따스하게 직관하는 것을 말한다. 먼저 「군고구마 2」라는 시를 보자.

잘 익은/구수한 향내 나는/그대의 향기다 //사명은 잘 죽는 것 //제 살을 태워/행복한 나의 식사/고구마는 뜨거운 웃음으로/속살을 익힌다 //제 몸덩어리/내어 주는/따근 따근 한 토성의 꼬리에/불이 붙었다 //잘 익은 고구마는/지금도 먹고 싶다

- 「군고구마 2」 전문

이 시는 5연으로 구성된 시로서 군고구마가 제 살을 태워 제 몸 덩어리를 나와 너의 식사로 내주듯이 나의 주와 이웃을 위한 사명도 죽음으로 대유된 희생적인 사랑으로 형상화한 시다. 고구마가 잘 익지 않은 것은 냄새가 구수하지도 않아 잘 먹지를 않는다. 그러나 잘 익은 고구마는 구수한 향내가 난다. 그것이 고구마 그대의 향기라 한다. 우리가 일상 속에서 흔히 보고 먹을 수 있는 고구마를 타자를 위해 희생하여 섬기는 사람과 빗대어 비교하니까 이 시는 더욱 존귀해지고 감동을 주는 좋은 시가 된다. 그것

이 조금만 종적으로 확대가 되면 제 몸 태워 음식을 제공하는 고구마와 빗대 비유한 인류 구원을 위해 예수 그리스도의 십자가 제단에 그 성스러운 몸을 번죄물로 드려 희생적으로 행한 구원사역과 연결이 된다. 그 사랑의 향기가 구수하다는 것이다. 제2연에서는 고구마가 제 몸을 태워 음식물로 제공하듯이 우리 주님이 십자가 제단에 자기 몸을 드려 태워 우리 인류를 구원한다는 것이다. 그렇듯이 믿는 이 곧 크리스천들의 사명도 또한 그러하다고 한다.

서상한 바와 같이, 제2연에서는 잘 익은 고구마가 구수하듯이 크리스천도 자기를 잘 구어서 익히는 자기 부정 또는 희생을 보이는 것이 맛있는 사명이 된다는 것이다. 이 시집에서 돋보이게 나타나는 신학적 관조란 관념적으로 하나님의 신성한 흔적과 초월을 주워 섬기거나 노닥거리는 것이 아니라 일상과 자연 속에서 신성의 심오한 풍경을 밝고 따스하게 직관하고 하고 그것을 읽어내는 것이라 할 수 있는 데, 시인은 이 시에서 불에 태워서 잘 익은 구수한 냄새가 나는 군고구마 속에서 주님의 희생적인 사랑과 그 주님의 모방하고자 하는 크리스천들의 사명인 희생적인 섬김과 돌봄으로 이어지는 사랑을 본다. 이런 점에서 시인은 신학적인 관조의 능력이 탁월하다고 할 수 있다.

제3연은 “제 살을 태워/행복한 나의 식사/고구마는 뜨거운 웃음으로/속살을 익힌다”로 되어 있다. 제 살을 태워 나의 식사가 되는 군고구마가 뜨거운 불에 제 몸을 태우는 웃음 자발적인 희생행위로써 속살을 익히는 제 몫을 다한다는 것이다. 시인이 이 시를 이런 차원에 머물게 했으면 이 시는 별반 값어치가 없을 것이다. 그런데 제2연에서 우리의 사명과 연결시키면서 그 시선을 수평적인 차원에서 수직적인 차원으로 이동시킨다. 제 몸을 태워 드리는 희생은 아프지만 그 결과는 웃음 곧 '기쁨'으로 귀결된다는 점에서 눈물로 씨를 뿌리면 기쁨으로 단을 거두는 일이나 십자가 없이는 면류관도 없다(No Cross, No Crown)는 말에 다름 아닌 것이 된다. 우리의 사명 또한 그러하여야 한다는 것이다.

제4연은 "제 몸 덩어리/내어 주는/따근 따근 한 토성의 꼬리에/불이 붙었다"로 되어 있다. 제 몸 덩어리 내어 주는 따근 따근한 고구마 꼬리라는 이미지는 흙의 성분으로 이루어진 인간 중에서도 꼬리와 같은 말단인 화자 자신을 비유한 겸손한 이미지가 아닌가 한다. 그 고구마 꼬리에 불이 붙었다고 한 것은 이미 과거에 이루어진 화자 자신이 신대원을 졸업하고 목사가 되어 시골교회를 섬기는 사명과 연계된 묘사인 것 같다. 시골교회에서 농사를 지으며 자기를 드려 희생적으로 주를 섬기는 일은 쉬운 일이 아니다. 그 일은 불이 붙음으로서만 가능하다. 그런 꼬리에 불이 붙어 잘 익은 고구마는 지금도 먹고 싶다고 한다(제5연). 이런 희생적인 성숙한 존재는 어제도 오늘도 한결같이 요구되고 필요하다는 것이다. 군고구마를 보고 목사와 크리스천의 사명을 읽어내는 시적인 행위는 틀림없는 신학적인 관조로서 수평적인 차원에서 수직적인 차원에로의 앙양되는 것이라 할 수 있다. 다음으로 「주님을 기다리며」라는 시를 보자.

두 빰을 스치는 바람

그분의 손길인가

무화과나무 위
노을에 타는
불 구름 한 조각

그분의 기별인가

구름기둥 그늘 아래
사랑방 언저리
작렬하는 태양빛 내리는
사막 가운데서도

그분의 서늘한 바람인가

어쩌면 첫 날밤 잠들면 못 뵈올까
새 각시는 버선발
먼동을 애 태운다

달려가서 맞이하고픈
그리운 마음인가

-「주님을 기다리며」 전문

이 시는 7연으로 이루어진 주님을 기다리며 마음으로 보는 내적인 풍경을 수평에서 수직으로 연결해 형상화한 시다. 이 시도 성경에 나오는 일상적인 풍경을 통해 주님을 기다리며 오관으로 직감되는 내적인 정서 양태를 그리고 있다. 제1-2연에서는 상수리나무 아래서 두 뺨을 스치는 바람을 연상하면서 주님의 손길로 체감한다. 제3-4연에서는 무화과나무 위 노을에 타는 불 구름 한 조각을 보면서 말세 징조이듯이 그분이 오신다는 기별인가하고 설의한다. 제5-6연에서는 구름기둥 그늘 아래 오아시스와도 같은 사랑방 언저리 작렬하는 태양빛 내리는 사막 가운데서도 체감되는 것이 그 분의 서늘한 바람 같다고 한다. 제7-8연에서는 어쩌면 첫 날밤 잠들면 못 볼까 염려되어 새 각시는 버선발로 서서 기라리노라고 밤을 새워 애태우다 먼동이 트듯이 속히 오시리라고 약속을 하고 아직도 오시지 않는 주님이 그리워 마음속에서라도 달려가 맞이하고 싶다는 것이다. 주위의 자연 풍경을 보며 주님을 그리워하며 애태우는 화자의 내적인 풍경을 수평에서 수직으로 옮기면서 아주 선명하게 묘사하고 있다.

송외동 시인의 모든 시를 유심히 들여다보면 그이 신적인 오메가 포인트는 바로 신학적 관조, 즉 수평을 넘어서는 수직적인 시선이라는 것을 알 수가 있다. 얼핏 보면 별것이 아닌 듯한 표현들인데 투명한 눈으로 성찰하고 판독을 하면 모든 시의 오메가 포인트는 역시 지상에서 하늘로, 시간에서 영원으로, 여기서 저기로, 슬픔에서 기쁨으로, 죽음에서 영생으로, 수평에서 수직으로 이동하는 과정을 그린 시라는 것을 알 수 있다. 앞으로의 축복된 창작과 건필이 이어지기를 빌며 이 평설을 끝맺는다.

송외동 시집
아름다운 동행

2022년 6월 15일 초판 인쇄
2022년 6월 20일 초판 발행

지은이 / 송외동
발행인 / 강병욱

발행처 / 도서출판 교음사

03147 서울 종로구 삼일대로 457 수운회관 1308호
Tel (02) 737-7081, 739-7879(Fax)
e-mail / gyoeum@daum.net
등록 / 제2007-000052호

* 잘못된 책은 바꾸어 드립니다. 값 10,000 원

ISBN 978-89-7814-857-3 (03810)

후원

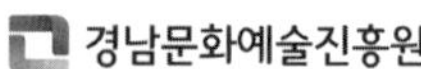

- 이 도서는 경남문화예술진흥원의 문화예술지원을 보조받아 발간되었습니다.